危険な思想

狩野亨吉と安藤昌益

庄司　進

無明舎出版

危険な思想◉目次

危険な思想——狩野亨吉と安藤昌益

はじめに

　平成十九年三月の二十三日であった。私は前任地の国民生活金融公庫熱田支店から秋田支店に赴任した。名古屋は梅が咲き桜のつぼみもふくらんでいたが、秋田はまだ冬で、朝からの霙は雨にかわってはいたけれど、支店長室から見える風景は寒々としていて、やわらかな早春の陽光が降り注ぐ名古屋を思い出すと陰鬱な気分が襲ってくるのだった。

　やれやれ、春が来るまでもう少し辛抱しなければならないようだ、そう覚悟を決め、熱田の支店長室よりもかなり狭い支店長室を眺めてみると、サイドボードの上に何冊かの本が置いてあるのが目に入った。歴代の支店長が置いていったものらしい。そのなかに司馬遼太郎の『街道を行く29秋田県散歩』があった。前の支店長もその前の支店長も秋田県人ではなかった、いわゆるよそ者だったからこれを読んで秋田のことを勉強したのだろう。

　私もまたこれを読まなければならないと感じたが、司馬遼太郎は好きだったので、それはもちろん義務感ではなくむしろ楽しみができたという気分だった。手にとって、ぱらぱらとめくっていると「狩野亨吉」というセクションがあるのがわかり、楽しみをあとにとっておくつもりが、思わずそこだけ読んでしまったのだった。

　そうか、狩野亨吉は秋田の出身だったのか、そういえば、狩野亨吉の人となりについては私はほとんど知っていなかったのだ。安藤昌益の『自然真営道』の発見者であることも知らなかった。狩野亨吉という名前だけは知っていた。私は東北大学の学生であったので図書館に「狩野文庫」とよばれる十万冊にも及ぶ膨大な書籍のコレクションがあることは知っていた。ただし「狩野博士の寄贈」によるものだということしか知らなかった。「狩野博士」は東北大の文学部の教授だったのだろうと思っていた。

学生時代に、その狩野文庫がどういうものか見たくて閲覧を試みたことがある。今はどうなっているのかわからないが、その当時は、大学院生以上でないと閲覧不可と言われ、私は閲覧を断念した。あとで、院生でなくても文学部の教授の許可をもらえば可と聞いたが、経済学部の学生であって、ただ興味本位で見たいという学生に許可が与えられるとは思えなかった。

学校を出て社会人となり、日常の仕事に忙殺されているうちに、狩野亨吉の名前は私の中では完全に忘れ去られてしまっていた。それが突然、学校を出てから三十年近くたって、忘れ去られていた記憶がよみがえってきたのだ。安藤昌益のことについてもそうだ。高校生のときの日本史の授業で日本史の教師が安藤昌益について「すごい思想家です、大物思想家です。」とぼそっと言ったことを憶えている。その教師は温和なひかえめな人で、つぶやくような小さな声で話し、決しておおげさなものの言い方をする人ではなかった。ぼそっと発せられた言葉ではあったが、彼にしては最大級の賛辞だったのだろうと思う。そんなことまで思い出した。安藤昌益は八戸の人だと思っていたが、亨吉と同郷の人だったのだ。この二人の名前は、タイムマシンのように私を学生時代に引き戻してくれた。

今にして思えばだが、学生時代は何と楽しかったのだろうと思う。私は朝から大学の図書館に入りびたりで、経済学部の学生ではあったが、どちらかといえば経済学の本よりも、外国文学や語学や哲学などの本をより多く読んでいた。とにかく本が好きだったのだ。もちろん読むことも好きなのだが、物としての物理的存在としての本が好きなのだ。それは今でもかわらない、だから電子書籍で読もうと考えたことはまったくない。とにかく、本に囲まれて埋もれていれば幸せだった。だから大学院に進学し学者になれればと考えたことはあったが、経済的な事情もあり、そして何よりも自分自身の能力の問題で学者になることは断念した。

その後私は冒頭に書いたとおり政府系の金融機関に拾ってもらい、ろくに仕事もしないで御託ばかり並べる私を定年まで面倒みてもらうことになるのだが、それはさておいて、本に囲まれて暮らすという生活はあきらめることになった。そして読書は必然的に法律や金融経済の分野になり、好きな本を好きなだけ読むという学生時代の生活には別れを告げることになった。

ところが、狩野亨吉は、幼少のころはともかく、成人してからは私の理想である本に囲まれた生活をした人であった。生涯独身で収入のほとんどを古書の収集にあてた人だった。現代ならともかく、明治時代に十万冊という書籍を一個人が集めたことは驚き以外の何物でもない。

学生時代に私はその途方もなく膨大なコレクションのすぐそばで、わけのわからないことを考えながら本を読んでいたのだった。

いったいこの人は何を考えていたのだろう。古書のコレクターで安藤昌益を世に知らしめたという人であることはわかったが、それ以外のことはよくわからなかった。ただ、司馬遼太郎が『街道をゆく』シリーズで、一人の人物について項を設けてかなり詳しく述べているのだから、狩野亨吉が凡庸な人物ではないということだけはわかった。

この人のことを調べてみよう、この人の思想を研究してみよう、私が秋田に赴任してきたのも何かの縁なのかもしれない、そう考えた。

ところが、調べていくうちに狩野亨吉についての文献は思ったより少ないということがわかった。その人となりについては、やはり秋田出身の青江舜二郎の『狩野亨吉の生涯』などがあるが、亨吉自身の著作は非常に少ないのだ。安倍能成の編になる『狩野亨吉遺文集』が昭和三十三年に岩波書店から出版されている。現在ではなかなか入手しにくくなっているのだが、なんとか手に入れて目を通してみると、その量があまりにも少ないことに落胆する。

亨吉は著述家ではなかったのだ。蔵書と読書の量は著述の量に比例する、と私は考えていたのだが、どうもそうとはかぎらないようだ。

一方、安藤昌益は『自然真営道』と『統道真伝』という大著を残した。したがって、昌益については ハーバート・ノーマンの『忘れられた思想家—安藤昌益のこと』をはじめ、多くの解説、研究書がある。それらを読めば、昌益の前半生については、どこでどのような生活をしていたのか詳細はわからないのだが、彼が何を考えていたのかは理解できる。

ところが亨吉については、どこでどのような生活をしていたのかわかっているのだが、何を考えていたのかはよくわからないのだ。私に言わせれば、亨吉は不思議な人である。私の知るかぎりでは、亨吉についての研究書は、現在入手できるという意味でだが、先にあげた青江の『狩野亨吉の生涯』と鈴木正の『狩野亨吉の思想』『狩野亨吉の研究』ぐらいしかない。それらを読んでも、というか、読めば読むほどわからなくなってくるのだ。

亨吉の学友の沢柳政太郎や夏目漱石には明確な人生の目標があった。亨吉の同郷の内藤湖南や町田忠治も、それぞれ学者と政治家として大成した。しかし、これらの人々を凌駕する資質をもちあわせていた亨吉は、学者にもならなかったし、役人にもならなかったし、もちろん政治にも関心はなかった。一時会社経営にかかわったことはあったようだが、すぐに手をひいた。あえて言えば思想家、哲学者ということになるのだろうが、それにしてはあまりにも著作が少なすぎる。

その少ない著作のなかでもっとも詳述されているのは、いうまでもなく安藤昌益についてだ。一般的には、亨吉は昌益から多くの影響を受けたと言われている。亨吉が唯物論者になったのも昌益の影響だと言われている。しかし、亨吉にかんする研究書を読み進めていくうちに、どうもそれはちがうのではないかと思うようになった。亨吉には若いころから、昌益を知る前から、昌益のような思想をもっていたのではなかったか、亨吉は昌益の中に自分を見出したのではなかったのか、昌益を発見したことは自分自身の発見でもあったのだ、そう思うようになったのだ。

そのような私なりの考えをまとめてみたのが本書である。ただし、これから読んでいただければあきらかになるのだが、本書は鈴木正の『狩野亨吉の思想』のような本格的な哲学論文ではない。私には鈴木のような哲学の素養はなく、正直に言うと鈴木の書いたことをよく理解できていない。そして青江の『狩野亨吉の生涯』のように新たに発見された手紙、日記等の資料に基づき、亨吉の知られていなかった一面をあきらかにする、というものでもない。亨吉自身が書き残したものが今後これ以上出てくることはないだろう。亨吉と接触のあった人が亨吉について書いたものが発見される可能性はあるが、それらの資料の価値を判断できる能力を私は持ちあわせてはいない。そのような能力のある人でも新たな資料を発見することにそれほどの情熱を注がないだろう。それは青江が、鈴木が入手できなかった新資料を読み込んで完成させた『狩野亨吉の生涯』によって亨吉にかんする研究は一応の到達点に達したからだ。

本書のタイトルは仰々しいものになっているが、狩野亨吉の研究に新たな一石を投じようとするものではない。安藤昌益についてもふれているが、やはり安藤昌益についての新解釈を披露しようとしているわけでもない。亨吉や昌益の研究書を読んだ読書感想文といったほうがいいだろう。そして亨吉や昌益だけでなく、亨吉にかかわりのある秋田出身の人物にもふれているが、彼らは秋田の風土が産み出したものだと私は考えており、秋田の風土論でもあることを付け加えておきたい。

（本論中、敬称は略させていただいた。以下同じ）

第一章　狩野亨吉の生涯

故郷喪失

秋田から東京へ

狩野亨吉は慶応元年に大館の比内城で漢学者狩野良知の三男として生まれた。ただし、良知の二男は夭折しているので実質的には亨吉が二男といっていい。しかし、二男であるか三男であるかは私にとってはまったく問題にならない。私が問題にしたいのは、戊辰戦争の戦乱でいったんではあるが一家離散したことである。このときの亨吉の記憶については、青江舜二郎が『狩野亨吉の生涯』（以下『生涯』と略す）（中公文庫一九八七年）で紹介している。東京大学教養部図書館に保存されていたいわゆる「駒場資料」のなかの「亨吉メモ」によるものである。

慶応元年七月廿八日を以て出羽国秋田藩大館に生る。四歳のとき生地を出てより未だ一度も基地に帰らず。しかもなほ人の言葉に非ずして家宅隣近の模様を記臆せり。戊辰の乱全家一度離散し、余は母に負われ津軽に落ち行き遂に能代外戚水野氏に遇す。此の間余は一個の経験をなしたり。即ち余は大館を落行くときに母に負はれたれば何の異変ありとも思はざりしが矢立峠を過る頃余は何となき驚怖して頻りに泣きければ、母は之を推しつめんとて、余り泣かば此の谷に捨て行くべしといひたり。是時余は谷を見たり。其時の恐ろしきは余が経験の中にも最も恐ろしきことなりき。

亨吉はこのあと五歳のときに秋田に移り、十二歳のときに東京に転居する。秋田では、青江によれば、最初は保戸野愛宕町の「官宅」から「広小路の屋敷」へ移り、また保戸野へ移ったようだ。保戸野愛宕町という地名はもうないが、現在の保戸野八丁である。青江は『生涯』で「官宅」の場所を特定しており、現在（昭和四九年）の居住者の名前まであきらかにしている。

私が青江の『生涯』を本格的に読み始めたのは秋田を離れてからだったので、秋田にいたときはその場所を意識することはなかったが、あとで、その近くを毎日のように通っていたことに気がついた。当時の社宅が泉馬場にあり私は千秋矢留町の職場まで徒歩で通勤していた、通勤経路だったのだ。当初は、公用車で送り迎えがあったのだが、平成二〇年の「居酒屋タクシー」事件で公務員が懲戒処分をうけてから、そのあおりで、公用車を送り迎えに使用することはまかりならぬ、ということになったのだ。その経緯はあまりにも理不尽で腹が立ったのだが、ばかばかしいのでここには書かない。しかし、歩くことは好きだったので、冬をのぞけば、徒歩の通勤はそれほど苦痛ではなかった、いや、むしろ、そのつど新しい発見があって楽しみであった。

通勤経路は毎日変えていた。泉馬場から旭川橋を渡り、手形からみでんから千秋中島町へ向かうコースや、旭川橋を渡らず、旭川沿いの道を南下し、奥羽本線の鉄橋の下をくぐり、秋田工業高のグランドのわきを通って保戸野八丁に向かったり、あるいは新中島橋を渡り秋田北高のわきを通ったり、などなど。

ある朝、保戸野八丁のあたりを歩いているとき、「町田忠治生誕の地」という碑を見つけた。そのときは、そうか、町田忠治はここで生まれたのか、そういえば町田は「保戸野の秀才」と言われたのだった、などとしか思わなかったことを記憶している。狩野亨吉のことはまったく意識していなかった。後に、青江の本に、狩野亨吉の居宅は町田忠治の屋敷の隣だった、と書いてあるのを読んで、ああ、亨吉はあそこに住んでいたのかと知ったのだった。

そのあたりには、以前、秋田市長の公邸があった(現在は保育園になっている)。当時の佐竹秋田市長が黒塗りの車で市役所に向かうところに何度か出くわしたことがある。市長の公邸があったところだから、保戸野はいい住宅地なのだ。保戸野あたりにかぎらず、私の通勤経路はどこも美しい心が落ち着く風景のなかにあった。旭川沿いの道を歩いていると、春はまず、レンギョウの黄色が目に飛び込んでくる。そして桜、マンサクなどがみないっせいに咲き始めて百花繚乱という言葉を思い出させるのだった。夏は葦原でオオヨシキリが空気をつんざくような声で鳴くのが聞こえる。秋には如斯亭の林と平和公園の紅葉が青空に映えるのを眺めることができる。冬はつらいといったが、白鳥を間近かに見ることができた。そして保戸野あたりにも、大きな樹木があり、よく手入れの行き届いた、緑ゆたかなさまざまな色彩の花が咲き乱れる庭のある住宅を見ることができた。特に私の目に入ったのは大きな樹木が多かったことだ。私の職場であった千秋矢留町には「鷹の松」とよばれている大きな立派な松があった。天徳寺へ向かう道の脇にも見事な松の並木があり、道路はそれをよけるために曲がりくねっている。私が今住んでいる仙台では地下鉄をつくるためだとか、車の通行の邪魔だとかいって、立派なケヤキや銀杏の大木をぶったぎってしまったが、秋田人はそんな無粋なことはしないで立派な樹木を残している。

いまでもそうなのだから、亨吉が暮らしていたころの保戸野のあたりは、おそらくもっと緑濃い落ち着いた屋敷町であっただろう。そのあとに移った広小路もそうだ。久保田城の外堀になるのだろうか、初夏に蓮の花が咲くころは広小路がもっとも輝く季節だと思う。初夏だけでなく、いつの季節でも秋田を訪れる人は広小路の風景に目を奪われるであろう。

ところが、亨吉はそんな美しい風景に感じ入るひまはなかったようだ。亨吉が十二歳のとき、二年前に内務省出仕となって上京していた父良知を追って、再び母に連れられて上京する。その後長じて、金沢に行ったり熊本に行ったり京都に行ったりはするが、東京が生活の拠点であり大館や秋田で暮らすことはなかった。先にあげた「メモ」で「四歳の時生地を出てより未だ一度も基地に帰らず。」と書いてあるとおりである。

おそらく亨吉は帰りたくなかったのだ。亨吉とほぼ同時代を生きた森鷗外も十歳のときに上京してから故郷の津和野に戻ることはなかった。しかし鷗外は「余ハ石見人森林太郎トシテ死セント欲ス」という遺言を残している。これは、もう栄誉とか称号はいらないという意味だが、鷗外は自分は石見人であるという意識を強くもっていたことはまちがいない。亨吉には「自分は秋田人である」という意識はなかったのではないかと思う。毛馬内に生まれた大歴史学者の内藤虎次郎も十七歳の時に秋田に出て二十歳で上京し、その後大阪京都で暮らし故郷に戻ることはなかった。しかし虎次郎は湖南という号を用いた。「湖」は琵琶湖ではなくて十和田湖なのである、故郷の湖なのだ。森鷗外や内藤湖南だけなく、地方出身の明治の人間は「立身出世」するためには都会に出なければならなかった。だから、ある意味では、彼らは故郷喪失者であったといえる。しかし彼らは自らの意思で故郷を離れたのであって、彼らの脳裏には故郷のことは、どういう形にせよ、あったにちがいない。

自らの意思で故郷を離れたのではない亨吉には故郷のことを考えていた形跡は見当たらない。完全に故郷を喪失した人なのだ。青江は『生涯』で、亨吉の戦火の大館を逃れるときの恐怖の体験についてふれた後でこう記している。

最近の医学や心理学によれば、その人間の資質・性格・心理はほぼ三歳前後に決定されるという。そのあいだの経験、強烈な印象が、それ以後深層心理の奥底にもぐりこみ、たとえ意識の上ではまったく忘れさられていても、それがその人間形成に根元的に作用するというのだが、もし、それが正しければ、亨吉においてもこの戦争下の経験・生活がその後の彼を決定したと見なければなるまい。

青江の指摘は正しい。ただし、どう影響したかは具体的に書かれてはいない。私は亨吉の幼少の体験そして故郷を喪失したことが安藤昌益の発見、評価につながったと考えている。その根拠を詳述する前に天才経済学者といわれているケインズとシュンペーターについてふれてみよう。

ケインズとシュンペーター

狩野亨吉や安藤昌益を論ずるのに、なぜ経済学者がでてくるのか、ほとんどの人は不思議に思われるにちがいない。少しでも経済学の知識がある人なら、ケインズ、シュンペーターと狩野亨吉はお互いに最も遠い距離にいると感じるだろう。それはそのとおりであって、ケインズ、シュンペーターとも経済学の歴史に残る大著を著したが、亨吉には日本哲学史に残る大著などない。しかし、私はシュンペーターと亨吉には共通点があると考えている。そしてシュンペーターの思想は、まったくの同時代人であるケインズ（両者とも一八八三年生まれ）との比較によってその特徴があきらかになるのだ。

シュンペーターもまた四歳のときに今はチェコ共和国の一部になっている小さな町からオーストリアに移っている。実業家であった彼の父が事故で死亡した翌年に母の両親も亡くなったからだ。トーマス・マクロウは『シュンペーター伝』（一灯社　二〇一〇年）でこう書いている。

このような悲しい経験の直後、一八八八年にヨッシー（シュンペーターのこと、庄司）と母親は町を離れて、想像を絶する旅に出ることになった。長距離列車に乗って見たこともない町に向かったのである。そこでよそ者として落ち着き、まったく違った生活を始めた。ヨッシーは故郷の環境では生まれることも想像することができないような種類の人間に向かって成長を始めた。この汽車の旅によって、彼は父母の血縁者との結びつきから永久に切断されたといえる。そしてその切断が、彼の心の中で自分が何者なのかという疑念を生じさせ始めた。

マクロウは別のところ（ハーパー社発行の『資本主義、社会主義、民主主義』の序文で）で、「シュンペーターは『資本主義、社会主義、民主主義』を書き始めるまえに二十三回引っ越しをした、五つの国、現在の国境なら七つの国の十一の町で暮らした。」と書いている。シュンペーターの「自分が何者なのかという疑念」は生涯を通じて消えることはなかった。

一方ケインズは自分自身のアイデンテティについて悩むことはなかった。

彼の父はケンブリッジ大学の教授であったし、母はケンブリッジの市長を務めたこともあった。典型的なインテリ一家に生まれ育ったのである。マクロウは『シュンペーター伝』で「ケインズはイギリス上位中流階級という繭のなかで育った。家庭的な面での連続性は彼の人生の基調の一つであり、何かについて不安を感じる理由がほとんどなかった。」と書いてから、シュンペーターについてはこう記している。

ケインズと比べて、シュンペーターには、人生は何も考えなくても楽しむことができると考える理由はなかった。安定し、繁栄し、いろいろな面で常に勝ち誇っていたイギリスで育つのと、シュンペーターが若かった頃の、征服され、今や消滅したオーストリアの子供であることはまったくの別物であった。人生に関する彼自身のビジョンは、創造的破壊という何度も繰り返される疾風という面で、資本主義に関する彼のビジョンに似ていた。

シュンペーターは、ケインズと異なり資本主義の将来には悲観的であった。その差異は、マクロウが指摘しているように、二人とも同時代のエリートでありながら生い立ちにはかなりの差があることからきていると私は考えている。ケインズは恵まれた家庭に育ち、自分のおかれた環境に不安を感じることはなかった。資本主義の将来についても楽観的であった。

彼の『雇用・利子・貨幣の一般理論』は、不況をどう克服するかという処方箋であり、正しい経済政策がとられれば資本主義経済システムは安定するものと考えていた。大恐慌をまのあたりにしながらも、資本主義にたいする信頼が揺らぐことはなかった。社会主義や共産主義にはまったく関心はなかった。

シュンペーターは社会主義者ではなかったし、マルクスにも批判的であったが、資本主義の将来には悲観的であった。イノベーションが資本主義経済システムを維持・発展させていくうえで必要不可欠なもの、という彼の考えは多くから支持されているので資本主義の擁護者と思われているかもしれないがそうではない。吉川洋は『いまこそ、ケインズとシュンペーターに学べ』（ダイヤモンド社　二〇〇九年）で、「シュンペーターは企業家精神の衰えを示す兆候として少子化の進展を挙げる」と説明してからこう書いている。

シュンペーターによれば、優良な投資機会が少なくなるなどということで資本主義は滅びはしない。それは家族の変容を伴いながら企業家精神が喪失されることにより自壊するのである。

少子化が進展するとなぜ企業家精神が衰えるのか私にはよく理解できないのだが、とにかくシュンペーターは、資本主義は社会主義にとってかわられる、と考えていた。

私は「シュンペーターは社会主義者ではなかった」と書いたが、それはマルクス・レーニン主義に基づく旧ソ連型の社会主義ではないという意味であって、社会主義の定義を広げれば、シュンペーターは社会主義者であったともいえる。

吉川は前掲書で、「同じ年に生まれたケインズとシュンペーターは、同じ世界経済の推移を目にしたはずである。しかし二人が提示したビジョンはまったく異なるものだった。二人はなぜそうしたビジョンを持つに至ったのか。これはなかなか難しい問題である。」と書いた。

吉川ほどの大学者が難しい問題だと言っているのに私ごときが回答じみたことを提示するのは

気がひけるのだが、先に述べたように、それは、生い立ちの相違なのだと私は考える。シュンペーターのような故郷喪失者には目の前の社会は不安定のものに映る、無条件で受け入れることはできないのだ。

危険な思想

シュンペーターと同じく故郷喪失者である亨吉においても目の前の社会は居心地のいいものではなかった。故郷を失ったものは現体制に批判的になる、とまで断言するつもりはないが、少なくともそのような傾向はあると思う。

たとえば、やはり大館（当時は北秋田郡下川沿村）の小作農家に生まれた小林多喜二。多喜二は四歳のときに一家で小樽に移住している。小樽での生活も楽ではなかったようだが、それでも多喜二は小樽高等商業を卒業して北海道拓殖銀行に就職している。それは北海道のエリートコースといっても大袈裟ではなく、将来は約束されていた、とまでは言えないかもしれないが、少なくとも下層階級から中流階級への仲間入りをすることは容易だったはずだ。それでも彼はプロレタリア作家同盟の一員となり日本共産党に入党した。そのことには彼の生い立ちがある程度の影響を及ぼしていると思う。

亨吉は、もちろん、多喜二のような社会主義者、共産主義者ではなかった。そしてシュンペーターのように資本主義経済システムの将来に考えをめぐらすこともなかった。しかし、同級生の夏目漱石や沢柳政太郎とは異なった社会観を持っていた。それはどのようなものであったか。
大正二年に亨吉が昭和天皇の輔導係に推薦されたことがある。「輔導」という言葉は最近はほとんど使われることはないが、文字どおり「助け導く」ことである。ここでは「教育係」とでも言っておこう。山川健次郎らが仲介した、その教育係の話を亨吉は「自分は危険思想の持ち主だから」と言って断ってしまうのだ。その「危険思想」について鈴木正は『狩野亨吉の思想』（以下『思想』と略す）（平凡社　二〇〇二年）でこう書いている。

彼は「自分は危険思想の持主である」とか「近頃善と悪との区別が判らなくなった」と浜尾新や山川健次郎らの先輩に語っていたそうだが、そのラジカルな思想内容は私の推定するところ無政府的虚無主義に近いものであろう。

鈴木は、亨吉の思想は「無政府的虚無主義」に近い、とさりげなく言っているのだが、私にはよく理解できない。アナーキズムとニヒリズムがどう結びつくのかよくわからない。アナーキズムにもさまざまな類型があり鈴木のイメージしている類型はわからない。むしろ「亨吉は共産主義者であった」と言ってもらったほうがわかりやすいのだが、そういうことでもないのだろうか。亨吉のいう「危険思想」については私なりの解釈があり、それについては後で詳述するが、ここでは鈴木の解釈に基づいて進める。

鈴木のいう「無政府的虚無主義」は私にはよくわからないのだが、それは安藤昌益の思想を意識していることはまちがいない。昌益の生い立ちについてはよく知られていないので、故郷喪失者とは断定できないが、生地の大館あたりで暮らしたのではないようで、故郷喪失者といってもいいのではないかと思われる。

亨吉が昌益を発見したのは、いや、発見できた、と言ったほうがいいだろう、発見できたのは亨吉の思想が昌益の思想に近かったからだと私は考えている。よく亨吉は昌益の影響を受けたといわれる、それはまちがいではないが、亨吉は昌益の著作にふれる前から昌益と類似した思想を有していたのだ。だからこそ昌益を発見できたのだ。当時であれば昌益を発見できたのは、やはり故郷喪失者である亨吉以外にいなかっただろう。

内藤湖南はどうか。湖南もやはり江戸時代の思想家である富永仲基や山片蟠桃を発見している。そして彼は昌益の難解な文章も解読できたはずだ。しかし、湖南なら『自然真営道』を発見したとしても、狂人の書だとして評価しなかったと思われる。紹介するに値しないと思うだろう。先に亨吉が昭和天皇の教育係を辞退したと書いたが、青江によれば、昭和六年に天皇への御講書始めの講師に選ばれたときに、やはり辞退している。亨吉はかわりに内藤湖南を推薦して、湖南はこれを引き受け、若き天皇陛下に「杜祐について」という題で話をしている。そのような湖南が権力者たちを激しい言葉で批判する、というより罵倒する昌益を評価するとは思えない。

昌益が亨吉によって発見されたのは偶然であったが、たんなる偶然ではなかった。

難解な漢文の読解力をもち、昌益に近い思想の持ち主である亨吉によってしか昌益は発見・評価されえなかったのだ。

はやくも結論じみたことを書いてしまった。しかし「危険思想」など両者の思想の近似性については、もっと詳述していかなければならない。ここでは亨吉が故郷喪失者であって、そのことが彼の生涯を決定した、ということだけを指摘しておくにとどめ、亨吉の生涯を追っていこう。

亨吉の青年期

小中学時代

東京では亨吉は麹町で暮らし番町小学校を卒業し府立一中に進む。番町小学校では成績優秀だったようで、青江は『生涯』で番町小学校の教諭が亨吉にあてた書簡を紹介している。

自分は今まで多くの子弟を教育して来たが、きみのようなのは見たことがない。書、数、習のすべてにすぐれていてしかも平生沈黙、人と争わず、その器量はまことに大きい。きみは今度中学に及第し、自分は別れなければならないが、識量抜群のきみはいつか必ず天下の大器になると思うから、別れに臨んで訓戒する。常に勉励の二字を守っておこたってはいけない。大いに自愛せよ。

このとき亨吉は十四歳なのだが、十四歳にしてすでに、器量が大きいと認められていることに私は驚く。明治の人間は現代と比べれば早熟だったにせよ、「器量が大きい」という言葉が小中学生に発せられるのは、亨吉の資質が群をぬいていたということなのだろう。そして「人と争わず」という文句に私は注目する。亨吉が人と争うことを極度に嫌ったことは、今後何度もふれていくことになるが、その性向は早くから備わっていたのだ。また、「常に勉励の二字を守って」という箇所については、亨吉がずっとそのことを守ったことは言うまでもない。

府立一中では夏目漱石といっしょだった。『狩野亨吉遺文集』（一九五七年　岩波書店）に収められている「漱石と自分」ではこうなっている。（この「漱石と自分」は青江の『生涯』では「漱石と私」とされている。『遺文集』では目次とタイトルが「自分」になっていて末尾の年表では「私」で統一がとれていない。どちらが正しいのか不明だが以下では「漱石と自分」で進める）

日本で最初に中学校令の発布によって出来た東京府第一中学に、明治十二年に自分は入学したのであるが、その折夏目君も又同じ学校に入っていた。しかしその頃は無論お互いに知らずに過ごして何の記憶もない。

この学校には、正則科と変則科というのがあって、自分は変則科で夏目君や幸田露伴氏などは正則科であった。変則科というの方は一切を英語でやることになって居り、正則科はそうでない。この学校に一緒にいたのが後年の文部省畑の連中で岡田良平、上田万年、沢柳政太郎などであった、時々自分などがそういう連中とともに名前を引ぱり出されたのはそんな因縁によるものだろう。

(『遺文集』では歴史的仮名遣いになっているが現代仮名遣いに改めた。漢字も旧字体が用いられているが新字体に改めた。以下同じ)

これは亨吉が執筆したものではない。昭和十年に東京朝日新聞に談話として掲載されたものである。最後に「名前を引ぱり出された」と迷惑そうに語っているのは何となく可笑しい。私は「迷惑そう」と書いたが、亨吉はこのインタビューに乗り気ではなかったようだ。冒頭には「夏目君のことを又話せというが、どんなことにしろ物事の真相が誤らずに伝えられることは稀であり、そのうえ近来甚だ記憶が不確であるからあんまり話をしたくない。」とある。このとき亨吉は七一歳になっているから記憶があいまいになっているのは本当だろう。いい加減な記憶で物事を語りたくないという亨吉の姿勢は晩年近くになっても貫かれている。

それにしても、夏目漱石のことについて「何の記憶もない」というのはあまりにもそっけない。だいたいにしてこの「漱石と自分」は漱石など眼中にないというようなトーンが感じられる。では亨吉は漱石を嫌っていたのかというとそうではない。亨吉が文学を認めなかったのは確かだが、漱石を認めなかったわけではない。それは文中で幸田露伴には敬称をつけ、漱石は「夏目君」と呼んでいることからもあきらかだし、後に亨吉が漱石を京都大学教授に招聘しようとしたことからも漱石に一目置いていたのは疑いない。

にもかかわらず、そっけないのは、自分は有名人の知り合いである、有名人とつきあいがあるというようなことを吹聴したがる俗物にありがちな性向をまったく持ち合わせていなかったということと、マスコミにとりあげられて有名になろうという気持ちもまったくなかったから、マスコミにも読者にもリップサービスをする必要がなかったからだろう。ふつうなら新聞社がインタビューにくれれば、身を乗り出して、いやー、夏目君はですね、などと多少オーバーに語りそうなものだ。青江は『生涯』に、この朝日の掲載のあとだと思われるが「NHKから漱石について話してくれと放送の依頼があった。もう話すことはないとことわる。」と書いている。天下のNHKもじゃけんにされているのだ。青江の『生涯』は自由奔放に書かれていて、話が突然飛んだり、引用なのか青江自身の記述なのか判然としないところがある。このNHKの依頼を断ったのも昭和十年なのか十一年なのかわからない。いずれにしても、この時期にラジオ放送に出演するということは自慢のたねになるはずなのに、それをあっさり断ってしまうのだから、やはり亨吉は「器量が大きい」というか、変わっているというか、とにかく常人ではないのだ。

勉強のための勉強

亨吉は府立一中から東京大学予備門に進む。明治十二年十五歳である。五年後二十歳のとき明治十七年七月に大学予備門を卒業する。そして同年九月に東京大学理学部数学科に入学する。実は亨吉は数学が苦手だったのだ。青江は『生涯』で、亨吉のメモを紹介している。

小学にありてより大学を卒業するまで最も鈍なるものありき即ち数学なり。中学を出るまでは何事につけて人より劣るということ非ざりしが此の一科のみ甚だ不出来なりき。

私も算数、数学がからきしだめだった。中学校まではなんとかごまかしたが、高校ではごまかしはきかず、何度か追試を受け先生のお情けでなんとか卒業させてもらった。だから数学が苦手だったという亨吉には親しみを感じるのだが、秀才亨吉のことだから苦手とはいっても私とはたぶんレベルが違うのだろう。私のことはさておいて、亨吉はなぜ苦手な数学を専攻しようとしたのか。青江の『生涯』にはこのときの亨吉の日記が掲載されている。

初め我予備門より理学部に入り数学科を専攻とするや人皆異表に出づとす。我の数学を善くせざりしを思えばなり。然れども我は自らも数学を善くせざりしを知りながらも、スペンサーの著書などを見るにつけ此学の要用を確知し其万有科学の基礎たるべきを信ぜり。同時に我は又此学により身を立てんとは欲はざりき。

最初のセンテンスにある「異表」は「意表」の誤りではないかと思われる。つまり人は皆意外に思った、ということだろう。亨吉も数学ができないのはわかっているのだが、数学はすべての科学の基礎だから数学を学ぶと言っているのだ。見上げたものである。そして、数学で身を立てるつもりはないと言い切っている。

帝国大学が設立された意図は国家に有用な人材を育成することであった。

念頭にあったのは「官吏の養成」であっただろう。それは法学部、ということなのだが、法学部以外なら帝国大学の教授になることが期待されたのだろう。しかし亨吉は役人になるつもりは、もちろんなかったし大学教授をめざすのでもなかったようだ。帝国大学での勉強は官吏や教授になるという目的を達成するための手段なのだが、亨吉にとってはその手段が目的になっているのだ。勉強のための勉強なのだ。

そして数学科を卒業すると今度は哲学科に入学するのだ。哲学科を卒業すると今度は大学院に進む。このとき亨吉は二七歳になっている。現在でも大学院の博士課程まで行けばこれぐらいの年齢にはなるが、博士課程まで行く人はふつう大学の教員を目指している。

四高へ

亨吉は就職のことは考えず、ずっと勉強のための勉強をしていたのだ。

しかし、はたから見れば亨吉は仕事をしない人間に見えただろう。裕福な家庭の子であれば、就職せずただ勉強だけしていることも可能であるが、亨吉はそうではなかった。亨吉はずっと月謝分納組であることで知られていたのだ。沢柳政太郎が四高に行くことを勧めたのは、亨吉ほどの人材を遊ばしておくのはもったいない、と思ったこともあるだろうし、何よりも亨吉の経済的状況をみかねてのことだったと思われる。

これ以後、沢柳は数回にわたり亨吉に就職口をあっせんすることになる。沢柳の奔走の結果、明治二五年七月文部省から四高教授の叙任辞令が出る。亨吉二八歳のときであった。

金沢での生活についてはかなり資料が残っているようで青江は『生涯』で亨吉の生活ぶりを詳細に記している。それによれば、金沢には二年しかいなかったのに二度転居している。亨吉は七八年の生涯で十三回転居している。特に東京都内での転居が頻繁である。幼少のころのやむをえない転居は別にして、長じてからの転居は蔵書の数が並大抵ではなかったから大変だったと思うのだが。シュンペーターも二十三回転居したと先に書いたが、故郷喪失者は転居を苦にしないのかもしれない。とにかく亨吉の転居癖は金沢時代にもう始まっている。

もう一つ目につくことは、生涯にわたって亨吉が苦労した経済的問題が、金沢で顕在化してきたことだ。青江は『生涯』でこう記している。

手控えには日常の彼の収支が細かにしるされている。俸給は安くないのに毎月が赤字だった。父親には毎月仕送りをし、ほかに古書の買あさりが激しい。地元だけでなく東京からもどんどん本をとりよせている。

これだけでは赤字の原因が書物の購入によると思ってしまうが、青江はもう一つの原因をあきらかにしている。彼によれば、亨吉は四高の生徒に学資を援助していたのだ。しかもこの援助は亨吉が四高を去ってからも続けられていたようだ。父良知からもらったお金は全部それにあて、足りなければ蔵書を売ったこともあったらしい。なかには遊蕩に使った輩もいて、亨吉に、悪い病気にかかってしまったと泣きついてく輩もいたらしいから、亨吉もどこまで人がいいのかわからない。では亨吉はどうやって資金繰りをつけていたか。青江はこう書いている。

このへんから亨吉の同僚からの〝寸借〟はしだいに慢性化して行くのだ。五人の学生にただで飯を食わせ、学費や小遣を出し、好きな古書を買っていては、金はいくらあっても足らなかった。

つまり不足分は同僚から借りていたのだ。私には亨吉の金銭感覚が理解できない。古書を買うのは自分のためだからともかくとして、五人の学生のめんどうをみるために借金するとは。

何十年も融資の仕事をしていてこんなことを言うのもどうかと思われるが、私は借金が嫌いである。クレジットカードの利用を別にすれば、借金したのは一度きりだ。家を建てるときに住宅ローンを借りたのだが、それは完済しており、今は一円の借金もない。今後も借金するつもりはない。お金に困っていないわけではない。お金は欲しいのだが借金するのがこわいのだ。それは私の育ちが悪いからだ。育ちのいい人は借金を厭わない。なぜそうなのかを論ずるのは本論から外れるので省略するが、亨吉は育ちがいいから借金を厭わない。ついでにいえば、学生にただで飯を食わせていたというのも育ちがいいからだ。育ちのいい人間は見返りを求めない。

なかには返済のことを考えずに、いざとなったら破産すればいいやとやみくもに借金をする人もいるが亨吉はそういう人種ではなかった。ただし、綿密な返済計画を立てていたようなことはなかったようで、なんとかなると思っていたようなふしがある。育ちのいい人にありがちな楽観的な性格だったのだろう、器量が大きいともいえる。

しかし、後に会社経営に参画し多額の借金をかかえ、それを整理するのに蔵書を手放さざるをえなくなるのだから、亨吉には蓄財の才はなかったのだろう。

【余談・秋田経済について】

ようするに亨吉は金もうけが下手なのだ、それよりも金もうけには関心がなかったといったほうがいいのだが、この「金もうけが下手」というのは秋田人の特質だと私は考えている。

ここでまったくの余談になるのだが秋田経済についてコメントしたい。

私が国民生活金融公庫秋田支店に赴任してきて秋田の各種の経済指標を調べてみると、あまりにも秋田経済が低迷しているのにショックを受けた。秋田は東北地方では裕福な県というイメージをもっていたからだ。小学校のときにある教師が、「福島から車で宮城に向かうと、突然道路が悪くなり、宮城県に入ったということがわかる。宮城県は貧乏だから道路を整備する金がないのだ。」と言ったことを憶えている。そして「東北では秋田県がいちばん豊かだ。」と言ったことも憶えている。その教師は秋田がもっとも豊かな理由を説明しなかったが、今になって考えてみればこういうことだろう。昭和三十年代の話だから、原油の産出高がピークの時期であった。尾去沢鉱山では金、銀、銅、鉛、亜鉛など多数の鉱物を産出した。秋田杉のブランドがある林業、そして言うまでもなく米。

青江も『生涯』で「東北六県の中ではやはり秋田がいちばんゆうふくではなかったかと思われる。」と書いている。ただし青江も過去形で書いているように、現在ではその地位を失ってしまった。秋田といえばなんといっても米であり、農業は健在であると思ってしまうが、秋田県企画振興部調査統計課が作成した「平成30年版　あきた100の指標」によれば、秋田県の農業産出額は1612億円で東北六県では最下位（全国一位は北海道の1兆1852億円、東北の最上位は青森県の3068億円）。もう秋田県は農業県とは言えないのだ。製造業も低迷していて、製造品出荷額は全国四十三位、製造業従業者一人当たりの製造品出荷額は全国最下位。この「1

00の指標」には漁業の統計は掲載されていないが、海面漁獲量を調べてみると全国で三十七位。ただし海に面していない県があるので、この調査の対象となるのは三十九県である。秋田の下は、山形と岡山だけ。人口と経済活動の活発さは比例するといえるが、人口減少率は全国第一位。

地域経済論という講座を有する大学もある。秋田でその講座がある大学があるかどうか調べていないが、かりにそこで「秋田経済はなぜ低迷しているか、所見を述べよ。」という試験問題が出たとする。その答案に「秋田人は商売が下手だから」とか「秋田人は商売熱心ではないから」という記述をすれば、いい点はもらえないだろう。いい点をもらうには、たとえば「米作中心の農業にたよりすぎた」とか「八橋の油田や尾去沢の鉱物などの資源供給はできたが製造業等の付加価値をうみだす産業の整備が遅れた」などと回答しなければならないのだろう。しかし、私には、どうしても秋田人の気質、なりふりかまわず金を稼ごうとは思わない、といったような気質が影響していると思われる。もちろん現在では全国的に人口移動が見られるから地域性は薄れているし、秋田人がみな商売が下手で、大阪人がみな金もうけのことばかりを考えているとは言えない。だから「秋田人の気質」などというようなあいまいな言葉を使用して物事を判断するのは、特に社会科学においては慎重を期さなければならないのだが、亨吉のこのような暮らしぶりをみると、私はどうしても秋田の経済と秋田人の気質について考えてしまうのだ。

秋田経済については、地域経済論の興味深いテーマとなるので別の機会に論じてみたい。

ところで余談の余談になるのだが、秋田人は「なりふりかまわず金を稼ごうとは思わない」と書いた。実は秋田人はなりふりかまうのである。私は秋田勤務時代に、人口10万人当たりの理容・美容所数が全国第一位であることを知った。「平成３０年版　あきた１００の指標」で調べてみると今でもまだ全国第一位であった。

日本語の表現

四高のことに戻ろう。亨吉は二年たらずで四高を退職してしまう。その理由についてはよくわからなくて諸説あるのだが、それを紹介するまえに亨吉の文章についてコメントしたい。

青江は『生涯』で四高時代の亨吉の日記（と思われる）を紹介している。明治二五年か二六年なのかわからないが、十一月二二日の日付である。一泊行軍というのがあって生徒三百人と教授助教授十人が監督者として参加したようだ。亨吉も「校長統監部員」として行軍に参加する。午前二時に召集がかかることになり、その準備のためにあいた時間に亨吉は松任城址跡を散歩する。「其間に松任城址跡を見んと月に誘われて独り町の西北の裏手へと出づ。」とはじまる、かなり長い記述になるので、ここではその一部だけ引用する。

渡せる橋を踏み行けば、羽ばたきして重く飛ぶものあり。木の上の四方を見やれど、音もなく影もなし。風息を殺して枝動かず、洩れ出づる月の光静に地に落つ。しばらくあって梟啼く。

青江は「この文章はいささか月並み調もまじっているがなかなかの名文である。〝羽ばたきして重く飛ぶものあり〟などと日本語として最高の表現といえよう。」と評価している。（青江の言う「この文章」は、上に引用した部分だけでなくその前後の分も含まれている。）たしかにこの二二日の日記は名文である。特に「羽ばたきして重く飛ぶものあり」という表現を青江は、「日本語として」最高の表現、として激賞しているが、私は「日本語として」と言ったところに違和感をおぼえる。青江がどうしてわざわざ「日本語として」とことわったのか、その意図はわからないが、このフレーズは伝統的な日本語、あるいは漢文の表現ではないからだ。

英語にはよくある表現方法である。oxymoron 撞着語法、というのだが、わざと相反することを言うのである。たとえばシェークスピアのロミオとジュリエットの有名な台詞に、Parting is such sweet sorrow. 別れは甘くせつないもの、というのがある。「甘く」と「せつない」は相反する。「飛ぶもの」はふつうは軽い。それを「重く」と言ったのが、従来の日本語にはない新鮮な表現であると言える。亨吉は中学時代に英語の小説をかなり読んだらしいから、このような表現ができたのだと思う。

梟が「羽ばたきして重く飛ぶ」というフレーズが亨吉の独創なのかどうかについては私は疑問に思っている。以前どこかで聞いたことあるような気がするのだが、何に出てきたのか、どうしても思い出せない。あるいは私の思い違いなのかもしれないので、亨吉の独創ではないと断定はできないのだが、いずれにしても二二日の日記は名文であることは言うまでもない。漢文調に英語的表現をまじえた新しい日本語の誕生といってもさしつかえない。書き言葉としての現代日本語が確立したのは夏目漱石以後、つまり夏目漱石がその確立に大きな役割をはたしたといわれているが、それ以前に亨吉が先駆的な文章を書いていたことに注目すべきである。

四高を辞す

さて四高を辞職する話である。

青江によれば、亨吉は日記に「退官願書には家事の為金沢に在留するを能はざる旨具して理由とす。」と記している。もちろん亨吉には、金沢にいてはできない家事などあるはずがない。この「家事」は何か具体的なしごとをさすのではなく「一身上の都合」ぐらいの意味だろう。現代でも辞表には「一身上の都合により」というフレーズがよく使われる。辞める理由を詳しく説明したくないときに使われるのだ。もっとも辞表には辞める理由を詳しく書く人はいないから、もう決まり文句といっていい。亨吉の退官願書も同様で、本当の理由はわからない。

鈴木は『思想』で、亨吉が「最初につとめた金沢の四高をやめた理由は一身上のことになっているが、実はかつて西田幾多郎が学生時代に反抗したところの武断主義の教育に、亨吉も愛想をつかしたからだといわれている。」と書いた。石川県かほく市（西田幾多郎の出身地）の「西田幾多郎年譜」によれば、「明治二二年　行状点不足により落第」とある。そして翌明治二三年に四高を中退している。「行状点不足」というのはおそらく品行が悪かった、ということなのだろう。

西田の具体的行動は私は調べていないが、それが鈴木のいう「学生時代に反抗した」というところにあたるのだろう。西田は石川県専門学校に入学するのだが、そこは一年後に中学令により第四高等中学校に改組される。そのことによって西田は「全体が一家族のような温味のある学校」から「規則づくめの武断的な学校」に変わってしまったと嘆くのだ。当時の文部大臣森有礼が薩摩出身であったからだと思われるが、四高の初代校長は鹿児島の県会議員であった柏田盛文という人であった。この柏田が「規則づくめの武断的な学校」にしてしまったことになるのだが、青江は『生涯』で柏田については好意的に書いている。柏田の後の校長については悪く書いている。

青江は亨吉が四高を辞めた理由については明記していないが、嫌気をさしたことについてはいくつか記述している。たとえば亨吉が若くして校長代理に任ぜられたために同僚から妬まれたこと、授業を休止して生徒も教職員も砲兵の発火演習を見学するという学校の方針に反発して見学に参加しなかったことなど。これらは鈴木のいう「武断主義の教育に、亨吉も愛想をつかした」とたしかに重なるところがある。しかし、四高の方針が亨吉になじまなかった、ということだけではなさそうな気がする。亨吉はかなり早い時期から自分の後任探しをしているのだ。

最初から長くいるつもりはなかったのだと思われる。

その理由は不明だが私はこう推測している。ひとつはせっかく沢柳が奔走してくれたのだから、それにこたえるためにとりあえずは赴任しなければならないと思った。もうひとつは、金沢にいたのでは古書集めが思うようにできない、ということではなかろうか。現代であれば、どこに住んでいようともインターネットで容易に書籍を購入できるが、当時は地方都市では古書集めは大変だったろう。亨吉が故郷に帰らなかったのはそのためだと私は考えている。

辞職の理由の詮索はこれぐらいにして、辞職のさいの亨吉の日記についてどうしてもふれておかなければならない。亨吉はこう記している。

余就職二年に満たず退官賜金なし。病気として退官願出て賜金を受ける方然るべしと勧めらる。しかも余は金沢に来りし以来永く病寝にありし如き疾病にかかりし事なし。慢性の胃病の如き我豈事とせんや。

青江は、この日記について、「ここにはじめて胃病のことが出て来る。亨吉の死は胃潰瘍とされるが、すでにその徴候はこの頃からあったのだ。」と書いている。青江は胃病に注目しているのだが、私は、どうしても「退官賜金」に目がいってしまう。おそらく何年か勤務しないと退職金は出ないのだろう。それが何年かはわからないが、とにかく亨吉はその勤務年数条件を満たしてはいなかった。でも病気による退職であれば退職金が出るらしい。それで大島校長が、病気による退職としたらどうかと亨吉に配慮してくれたのだ。ところが亨吉は、慢性の胃病はあるが病床に伏したことはないと言って校長の申し出を断っているのだ。そして先に書いたように「家事」を理由にして退職してしまう。

裕福ならともかく、同僚から借金をするぐらいなのだからもらえるものならもらえばいいのに、それに持病はあり、まったく嘘をつくわけではないのだから、と私などは思ってしまう。でも亨吉は筋をとおすのだ。しかも、校長の申し出に立腹しているように感じられる、そんなことができるものか、と。

青江は退職金のことについてはまったくコメントしていない。亨吉の書いたことはまったくもって当たり前のことでありコメントするに値しないということなのだろう。青江もまたそう考えているとすれば、お金に執着しないのは秋田人の特質なのかもしれない。

秋田人の性癖

とにもかくにも亨吉は四高を退職し東京に戻る。東京で自由に勉強していたようだが、亨吉ほどの人材を周りがほうっておくはずがなく、あちこちから就職の話がある。そのなかには県立秋田中学の校長の話があった。青江によれば、いったんは断ったが、父良知の勧めもあって秋田行きを承知した、ところが、いつのまにかうやむやになってしまい結局秋田には行かなかった、とある。父に言われればむげに拒否できないのでとりあえずは引き受けたふりをしたが、先に書いたように、やはり亨吉は故郷といえども地方に行くのは嫌だったのだろうと私は考えている。

では、東京での就職はどうか。『生涯』には「松井簡治が林田祐治といっしょにやって来た。学習院で英語を教えないかという。どうもあそこは貴族的なところで気がすすまないとことわる。」という記述がある。ところが学習院もあとへはひかず、近衛篤麿の親書をもってきて亨吉の説得にかかる。それでも亨吉は「私は決して教育者の器ではなく、一時あやまってその職についた時もただひたすら大いに努力し、自らをきびしく律して、いささかの過ちもないように努めただけである。しかし本心はあくまでも自由を望み、この世の中を悠々自適したいのだ。」と言ってうやむやにしてしまった。『生涯』にはそう書いてあるのだが、カッコ内の文章は、例によって、どこからかの引用なのか青江の創作なのかはっきりしない。おそらく亨吉はこう言っただろうという青江の創作だろう。劇作家である青江の本領発揮というところか。

このあと亨吉は五高に赴任するのだが、そのあいだに「志筑忠雄の星気説」を数学物理学会で発表し、志筑忠雄を世に紹介した（明治二八年）ことを挙げておかなければならない。「志筑忠雄の星気説」は『狩野亨吉遺文集』の最初に収められている。

私も読んでみたがまったく理解できない。ニュートンやラプラス原理など物理学の知識が必要のようだ。とにかく、江戸時代にニュートンやラプラスに匹敵する天文学者がいたということだけはわかった。五高赴任前のおもしろいエピソードが『生涯』で紹介されているので、それをとりあげてみよう。

明治三十年、亨吉は秋田青年会で読書法について講演した。講演が終わり秋田青年会の会長である根本通秋にあいさつしたら、根本は亨吉を罵倒しはじめたのだ。「今の話振りを聞くと貴様の親父によく似ていて、学問の仕損（しそこない）だということはよくわかる」「この野郎は狩野のこどもだが、こいつが言う目録などいうものはとても役に立つもんでねえ。書誌学なんて学問などあるもんか」と。これにたいして「韓信股くぐりの堪忍はここだと亨吉は聞かぬふりをし」「こんな無礼なやつが秋田青年会長だとは。……実に固陋卑劣な男だ。」「今日は相手が老年だからゆるしてやるが、もしいつかどこかでこういう態度を繰り返すならば、もうゆるしてはおかないぞ。」と亨吉は怒りながらも耐えたことになっている。例によって青江は出典をあきらかにしていないので、根本のまえで講演したことは事実であろうが、そのほかは劇作家青江の脚色であろう。亨吉が「韓信股くぐりの堪忍」とか「もうゆるしてはおかないぞ」と言うことは考えにくい。

そのことはさておいて青江はこの「事件」についてこう書いている。

根本通明のこのハッタリは、平田篤胤・佐藤信淵などに共通する性癖で、秋田市（旧久保田）及びその南方の地域に著しく、狩野父子・内藤湖南などの北方的柔和と鋭い対比を示している。一体どのような風土のちがいであろうか。

私は平田篤胤や佐藤信淵の著作を読んだことがないのでなんともいえないのだが、たしかドナルド・キーンだったか司馬遼太郎だったか平田篤胤の毒舌について言及していたことを思い出した。調べてはみたが、ドナルド・キーンが『日本人の西洋発見　六　平田篤胤と洋学』で「かれはやはりオランダ人に粗野で下品な言葉を浴びせて、かれらを貶めようとした。」と書いたものしか見つけられなかった。とにかく平田篤胤の舌鋒が鋭かったのはまちがいがないようである。

青江は県北は柔和だと言っているが、大館出身の安藤昌益は平田篤胤に劣らず舌鋒は鋭い。ハーバート・ノーマンは『忘れられた思想家─安藤昌益のこと　上巻』（岩波新書）で、県南県北の区別はせずに秋田人の「性癖」にふれている。

秋田人は伝統的に頑固で一途で強情だという評判がある。人間の一集団についてしかじかのことが概括的にいいうるとしても、それをもって特定の個人の気質や性格を証明しようとしたところが大して得るところはないが、上にあげた三人の思想家、信淵、篤胤、昌益はみな秋田の人で、しかもときに観念的独断や口汚い罵詈雑言とすれすれの激しい表現を使っているところは共通である。

ノーマンは学者らしく冷静に考えているが、青江は「一体どのような風土のちがいであろうか。」と他人事のように書いているところがおもしろい、青江も根本と同じ秋田の出身なのに。青江も実は根本に負けず劣らず『生涯』で狩野亨吉の研究者たちをかなり厳しく批判しているのだ。とくに亨吉の弟子であった渡辺大濤などは盗人扱いされている、ノーマンは『忘れられた思想家』では渡辺大濤を非常によく書いているのだが。

青江の批判の対象の一人となった『狩野亨吉の思想』の著者である鈴木正は、『生涯』の書評で青江の批判にこう応えている。

渡辺大濤、小林勇、久野収、桜井常久や私に対する総なめの厳しい批判が散見するが、それは一般的には研究を前進させる否定のモメントに相違ないが、私はその底に自分より早く狩野を論じたものへのねたみがあるように直観するのだが当たっていないだろうか。それが駒場資料を利用できる有利な条件から逆に不利な条件での過去の研究に対する裁断的な論評ともなるのではなかろうか。

鈴木は、青江の批判の根底には「自分より早く狩野を論じたものへのねたみがある」と言っているのだが、私はそうは思わない。青江の『生涯』は昭和四十五年に東大教養学部付属図書館で発見された亨吉の日記等のいわゆる「駒場資料」をもとに書かれている。青江の『生涯』より先に出た亨吉の研究書はこの「駒場資料」を参照できなかったのである。つまり青江は後発ゆえの優位性を示すことができたのだから、先の研究に嫉妬を感じることはないはずだ。

ではなぜ厳しい言葉を浴びせたか。まったく根拠のない下種の勘繰りかもしれないが、私は青江が渡辺らの学歴をばかにしているからだと思う。青江は東大の哲学科を出ている。鈴木が挙げた4人のうち、私は桜井常久についてはどういう人かまったく知らないのだが、渡辺や小林は大学を出ていない、小林は実業学校卒で岩波書店に入ったが、渡辺は若いころ新潟から上京して宗教家になろうと思ったらしく特筆すべき学歴はない、ほとんど独学である（青山学院や立教で学んだ、という人もいる）。久野は京都大学出身であるが、鈴木は愛知第一師範学校卒業である。

渡辺については「自己中心的な無節操なインチキ性」とほとんど罵詈雑言に近いが、久野についての批判はそれほどでもない。これは久野が、東大ではないが帝国大学を出ているからだと思う。ただし、東大出の青江は京大でも軽んじたところがあったのはではないか。

今はどうなのかわからないが、以前は東大と京大の対抗意識は強かったようだ。松本清張の『昭和史発掘』に「京都大学の墓碑銘」というタイトルの章がある。これは「滝川事件」を扱ったものであるが、清張は、そのなかで「京大事件に東大は意外なくらい冷淡な反応なしかみせなかったのである。」と書いている。

また青江はノーマンについて「温かくてひろい人柄」と書いている。青江はノーマンと会ったことがあるのだろうか、二人のキャリアを追ってみると、どこかで接触した可能性はほとんどないと思われる。にもかかわらず青江がそう書いたのは、ノーマンがケンブリッジとハーバードの卒業生であったからだと私は考えている。

ついでながら、鈴木は「駒場資料」が発見されたとき東大教養学部図書館に閲覧の許可申請をしているが拒否されている。図書館が青江には閲覧を許可し、鈴木を拒んだのは鈴木が東大出身ではなかったからと私は邪推している。

青江の攻撃の激しさが学歴の有無と関係ないとすれば、ほかの理由は考えられないか。

鈴木はレッドパージによって中学教師の職を失っている。小林と久野は治安維持法違反で逮捕歴がある。私は青江がマルクス主義にどう対峙していたのか知らないのだが、鈴木らとは思想的に相いれなかったということも考えられる。

それも当たっていないとすれば、やはり秋田人の「性癖」によるものとしか言いようがないのかもしれないが、ノーマンが指摘する、そして青江自らもいう秋田人の「性癖」は私は疑問に思っている。というのは私は3年4か月秋田にいたのだが、そのような「性癖」を身をもって体験したことがないからだ。私が接した人はみな穏やかな紳士的な人ばかりだった。

秋田以外の地で接した秋田人についても同様である。たとえば元東京証券取引所理事長であった矢島出身の土田正顕さん。初めて土田さんと接したのは私が宇都宮支店の融資課長だったときだ。土田さんは財務省の銀行局長を務めたあと国民金融公庫の副総裁となり、宇都宮支店に視察に来られたのである。土田さんは融資課の部屋のドアを開けると、私に向かって「入ってもいいですか。」と言われたのだ。ずいぶん律儀な人だなというのが第一印象だった。他の役員だったら、「やあやあ、どうも。」とか言ってずかずかと入ってくるところだが。夜の懇親会でも酒が入っても丁重な口調はかわることはなかった、まったくえらぶるところがないのだ、財務省からきた役員のなかには、なにかというとすぐ怒って怒鳴り散らす人もいたが。その席で土田さんは随行してきた秘書にポラロイドカメラ（なつかしい！）で参加者（支店全員ではなく役席だけであったが。）の写真を撮らせていたのだ。そして自ら写真の裏にその人の名前を書いていたのだ。「こうでもしないと名前をおぼえられないんだよ。」と言って、秘書に、これは○○さん、こっちは○○さんだね、と確認しているのだった。人事課長じゃあるまいし、副総裁が地方の支店の職員の名前などおぼえなくても何の支障もないのだが。

それからしばらくして私も少し昇進して、本店の課長となり本店の経営会議に記録係として出席するようになった。ある会議である部長が説明を始めたところ、当時の尾崎総裁が突然「そんなこと聞いてないぞ！」と怒り出したのだ。つんぼ桟敷におかれた上司の怒りはすさまじい、ということは若い人たちにはぜひ知っておいてもらいたい。

それはさておいて、私は自分が怒られているわけでもないのに一瞬凍りついてしまった。他の人たちも青ざめたにちがいない。すると土田副総裁が「私は聞いておりました。総裁に報告するのをうっかりしておりました。大変申し訳ありません。」と言ったのだ。副総裁にそう言われれば、尾崎総裁もそれ以上怒り続けるわけにもいかず、議事は進行して会議は何事もなかったかのように終わった。土田副総裁が本当に尾崎総裁への報告を忘れたのかどうか私は知らない。

土田さんの少しあとに、三浦正顕さんという土田さんと同じ名前の理事がこられた。

三浦さんは秋田市の生まれ、秋田高、東大法学部卒で大蔵省入省。最終は国税庁の次長であった。経歴からすると、ふんぞりかえった鼻持ちならぬエリートという感じがするが、まったく逆で偉ぶらないひょうひょうとした人であった。いつも小柄な身体に似合わない大きなアタッシュケースを持っておられた。聞いた話では学術論文がつまっていて、いつも熱心に勉強されていたらしい。

あるとき、私の所属している部がミスを犯した。その始末書に三浦理事のサインをいただかなければならず、それは部長の仕事なのだが、課長であった私にお鉢が回ってきた。ひととおり経緯を説明して、雷が落ちるのを覚悟したが、理事は「そうか、わかった、しょうがないなあ。今後はこういうことのないようにお願いしますよ。」と言って決裁文書に署名してくれた。私は胸をなでおろした。

三浦理事が公庫を去るとき「これからは帳簿を見ないといかんのだよ」と遠くを見るような目つきでぼそっと言われたのを今でも鮮明におぼえている。理事は秋田に帰られ家業の三傳商事の社長として企業経営をすることになったのだ。理事ほどのキャリアがあれば企業経営にも手腕を発揮できると思われたが、秋田に戻られてほどなく病死されてしまった。

私が秋田に赴任してすぐ、ある会合で、当時秋田商工会議所の副会頭であった（現在は会頭）三浦廣巳さんから「兄の葬儀のさいは尾崎総裁がきてくれました。」と丁重な挨拶をうけた。三浦理事の弟さんである。この人もまったく偉ぶったところがない。本当に偉い人は偉ぶらないのだ。

私の個人的体験が長くなってしまったが、私の言いたかったことはこうだ。

私が知っている高級官僚は、やみくもに怒鳴り散らすか、あるいは怒鳴ることはないにしても皮肉っぽいきついことを言う人が多かった。そうではなかった人を二人あげることができるのだが、その二人とも秋田人なのだ。だから、私は青江やノーマンが言っている「秋田人の性癖」に疑問をもっているのだ、むしろ逆ではないかと。

壮年期の亨吉

五高のこと

明治三十一年、亨吉は五高教授として熊本に赴任する、三十四歳のときだ。なぜ五高に行く気になったか、『生涯』にはそのあたりの経緯は書かれていない。『生涯』の第二章の「四　熊本」は次のような書き出しで始まる。

熊本時代には小さなメモノートが二冊残されているだけだ。浄書された〝日記〟はない。わずか十か月の夏休み。意欲があったとしても実際にはほとんどなにもできなかったと見なければなるまい。

私にはこの「浄書された〝日記〟」というところが非常に気になる。素直に読めば、亨吉はふだんは日記を浄書していたと読めるが、亨吉は何のために日記を浄書していたのだろうか。永井荷風は自分の死後日記が人の目にふれることをあきらかに意識していた。日記も彼の作品の一つなのだ。亨吉にそのような意図があったとは思えないのだが、後に日記が他人の目にふれることを少しは意識したのだろうか。自分が安藤昌益を発見したように、後世の誰かが自分の書き溜めたものを発見してくれることを望んだのだろうか。どうもそれは考えにくい。

あるいは、日記を浄書していたというのは私の深読みであって、青江は、メモと日記を区別するためだけの意図で「浄書された」という形容語句を用いたのかもしれない。つまり、日記を浄書していたわけではなくて、メモを浄書したものが「日記」なのだと。

話が横道にそれるが、歴史に名を残すような人の場合、自分の死後に日記や手紙などが人の目にふれるのを嫌って、すべてを処分してしまう人と、あえて後世の人に読んでもらおうと意識的に残す人との二つに分かれる。後者の例は、たとえば先にあげた永井荷風だが、前者の例はアダム・スミスである。スミスは死期を悟ったのか、死の直前に、いっさいの書類を焼却してしまうよう友人に依頼した。その中には、それをもってスミスの広大な思想体系が完結するはずであった『法と統治の一般原理』の草稿も含まれていたのである。

先にあげたシュンペーターは自分の死をまったく予想していなかった。彼は一九五〇年の一月八日に脳出血で亡くなったが、九日にはシカゴでの講演が予定されており、八日のシカゴ行きの切符を予約していたのである。したがって彼にはスミスのように身辺整理をする時間はなかった。

彼の日記、私信はすべて残された。先にあげたトーマス・マクロウの『シュンペーター伝』は、それらの資料に基づいて、シュンペーターの生活の細部、房事にいたるまで、を記述している、というよりは、あばいていると言ったほうがいいかもしれない。

先に私は、亨吉とシュンペーターは故郷喪失という共通点があると書いたが、二人ともその死後に、性に強い関心があったことが暴露されてしまった、ということも共通している。シュンペーターにとっては、おそらくそれは不本意だったであろうが、亨吉はどうだったのであろうか。亨吉は、私のかってな推測だが、そういうことには無頓着だったのではないかと思う。シュンペーターは昏睡状態になっているところをエリザベス夫人に見つけられ数時間後に死亡した、病院に運ばれるひまもなかった。亨吉は若いころから胃をわずらっており、死の数日前には入院している。死期が迫っていることはわかっていたはずだ。その気になれば自力で処分できなくとも誰かに処分を依頼することはできたはずだ。そうしなかったということは、自分の私文書が死後に出版されるだろうと考えていたはずはないから、やはり何も考えていなかったのだろうと思う。

私は、歴史に名を残す人物には、私文書を処分する人と意識的に残す人の二とおりあると書いたが、どうもそれは適切ではなかったようだ。亨吉はそのどちらでもないスケールの大きな人物なのだ。そもそも歴史に名を残そうなどとはほんの少しも考えなかっただろう。

『生涯』の「熊本」のセクションに戻ろう。

先に引用した書き出しに続けて、熊本でもあいかわらず借金生活をしていたこと、夏目漱石とひんぱんに会っていたことにふれるのだが、すぐに一高への栄転の話になってしまい、熊本時代のことは『生涯』ではよくわからない。

そもそもなぜ亨吉は五高へ赴任したのか。先に私は、亨吉は地方がいやだったのだと書いたが、東京でのいくつかの就職を断って熊本へ行ったのだから私の説は当たっていないということになってしまう。それであえて自己弁護をするのだが、背に腹はかえられなかったのだと思う。四年近くも浪人生活をしていれば、さすがに窮乏状態をなんとかしようと思わざるをえなくなるはずだ。熊本行きが不本意だったのは、夏休みになると東京へ戻ってしまったことからもわかる。安倍能成は『狩野亨吉遺文集』の「年譜附記」で、亨吉が熊本へ行ったのは先任教授であった夏目漱石の勧めによるものだと書いているが、たしかにそれも理由の一つではあろう。しかし、亨吉は漱石とは一定の距離を置いていて、べたべたした関係ではなかったから、漱石にそれほど義理立てする必要はなかったと思われる。やはり経済的要因が一番だったのではないだろうか。

ついでながら亨吉が漱石と距離を置いていた理由について、青江は鏡子夫人の存在をあげている。青江は、鏡子夫人は「亨吉の好みではなく、夫人もまた、無愛想でモッサリした亨吉にまるでなじめなかったようだ。」と書いてからこう続ける。

むかしから女は屈従・奉仕・自己犠牲を信条とする古くさい北辺大館の、いわゆる〝タテわり社会〟のただ中の女たちに取り巻かれて育った亨吉には、鏡子夫人のように〝解放〟された女は何か異常で、そういう異常さを〝新鮮〟とする夏目金之助がまったく意外であったにちがいない。漱石歿後、彼の狂気説がしだいにさかんになり、ある新聞記者がそのことを亨吉にただしにゆくと〝変わっていたといえばむしろ細君の方でしょう〟と答えている。漱石歿後、夏目家と亨吉の間が急激に遠くなるのもそのせいであった。

亨吉が他人の評価を開陳するのは珍しいことだと思うが、青江の指摘を待つまでもなく鏡子夫人のヒステリーは知られていた、悪妻という評判がたった。しかし鏡子夫人にも同情すべきところはある。江藤淳は『決定版　夏目漱石』で、漱石は兄嫁と恋愛関係にあったと書いているが、それが本当だとすれば鏡子夫人が気がつかないはずはない。熊本という見知らぬ地で新婚生活をスタートしたかと思うと、夫はイギリスに行ってしまい、帰国しても、夫が兄嫁に思いを寄せていたとなれば、精神的に不安定にならないほうがどうかしている。

亨吉が縁談を断って独身を通した理由はいろいろあると思うが、夏目漱石の家庭を見ていたこともその理由の一つではなかったかと私は考えている。亨吉は十三歳のときに母千代子を亡くしている。それ以前にも父良知は千代子とずっと一緒に暮らしていたわけではなかったし、良知も再婚しなかったから、子の立場での両親の夫婦関係のイメージを結ぶことは難しかったのではないか。そして夏目漱石夫婦。明治三十一年の四月に鏡子夫人はノイローゼが昂じて入水自殺をくわだてている。この件は新聞や警察にはふせられたが、亨吉は当然知っていたはずだ。そのような事件をまのあたりにして亨吉は結婚生活は苦労が多いものと考えたのではなかろうか。

せんさくはこれぐらいにしておこう。私が気になるのは、この時期に寺田寅彦が五高の学生であったということである。私は寺田寅彦の随筆が好きだ。彼が漱石に私淑し、漱石から俳句等いろいろ教えをうけたことはよく知られているが、亨吉からも影響をうけたのではないかと考えた。それで、岩波文庫に収められている『寺田寅彦随筆集』全五冊を当たってみたのだが、この随筆集にかぎっていえば、寅彦が亨吉の影響をうけたとは言えない。随筆集で五高の教授の名前が出てくるのは、第三巻の「夏目漱石先生の追憶」と「田丸先生の追憶」の二編においてだけだ。前者においては「そのころの先生の親しかった同僚教授がたの中には狩野亨吉、奥太一郎、山川信次郎らの諸氏がいたようである。」という記述が見られる。亨吉の名前はいっとう最初に出てくるのだが、あとにもさきにも出てくるのはこれだけだ。「通常の文士には見られない科学者としてのものの見方が表われている寺田寅彦の随筆には、やはり科学者であった狩野亨吉の影響がみてとれる」と私は書きたかったのだが、残念ながらそうは言えないようだ。

ついでながら、寅彦は「夏目漱石先生の追憶」で漱石の家庭についてこのように書いている。

先生はいつも黒い羽織を着て端然として正座していたように思う。結婚してまもなかった若い奥さんは黒ちりめんの紋付を着て玄関に出て来られたこともあった。田舎者の自分の目には先生の家庭がずいぶん端正で優雅なもののように思われた。いつでも上等の生菓子を出された。

これが書かれたのは昭和七年であったから、漱石の家庭が実は「端正で優雅」ではなかったことは寅彦も知っていたと思うが、彼にとっては漱石は神様であったから悪くは書けなかったのだろう。あるいはそのような忖度なしに、若き日の寅彦が感じたことを素直に書いただけかもしれない。江戸の上流家庭のたたずまいは、東京生まれではあるが高知で育った寅彦にはまぶしかったのだ。

一高へ

亨吉が熊本へ赴任したのは明治三十一年の一月であったが、その年の十一月に一高の校長に任ぜられた。ふだんは就職の話に二つ返事で承諾することのない亨吉が、熊本に赴任して一年も経過していないにもかかわらず、この話を受けいれたのは、やはり東京が恋しかったからだと思う。旧制高等学校の校長ともなれば名誉ある地位だから地方も都会も関係ないだろうと思われるかもしれないが、亨吉は地位とか名誉を求める人間ではない。

校長でなくてもただの教授だとしても一高に赴任したのではないだろうか。

それにしても、三十四歳という若さで一高の校長となったのは驚くべきことである。

このポストであれば、おそらく自薦他薦激しく狙っていた人は多かったにちがいない。それでも亨吉が抜擢されたということは、沢柳の尽力が大きいのだろうが、亨吉の事務能力が高く評価されていたことはまちがいない。

一高校長としての亨吉は生徒に多大な影響を与えた。学問上ではなく生き方とか姿勢でである。青江は『生涯』で阿部次郎の『人格主義』からの文章を紹介している。阿部は、一高時代の茶話会の思い出を書いている。「生徒や卒業生が演壇に立って狩野先生を前において先生の方針にドシドシ反対する」のだが、亨吉は「泰然として聴いて居られそうして後に先生の意見をはっきり言って聞かされた」というのである。そして「あの狩野先生の態度は非常に美しい態度として、今でも私の記憶している所である。私は今、総長の態度の善いか悪いかを論じる場合には仮に狩野先生を総長の位置に置いて、そうして狩野先生の前に於いて言っても差し支えないような率直な言い方を努力して見ようと思う。」と書いている。ややもってまわった言い方だが、要するに亨吉の態度は立派だったと言っているのだ。『生涯』で引用している文章はもっと続くが長くなるので後は省略し、それに対する青江の評価を見てみよう。

阿部次郎は、明治三十七年の一高卒業で、漱石がもっともその将来を嘱望した教え子であった。後年、哲学者としての彼の業績も漱石は高く評価している。その阿部にこれほど傾倒されたということで、一高時代の、いや〝人間の師〟としての亨吉の評価はもはやこれに尽きているといっていいだろう。

阿部次郎についてはほめ過ぎのような気もするが、大正時代、昭和の初めに学生時代を送った人たちにとっては阿部の『三太郎の日記』は必読書であった。おそらく青江も読んだにちがいない。したがって阿部への賛辞は惜しみないものになるのだろうが、亨吉の評価はほめ過ぎではない。「人間の師」というのは適確な評価である。

阿部次郎は山形中学時代にストライキをして退学処分を受けている。「問題児」であったのだ。そのうるさい阿部を感服させてしまったのだから、やはり亨吉はかなりの人物であったのだ。

鈴木正も『思想』で、田辺元が「自分の学問の師は西田博士であるが、人生の師は狩野博士である」と言ったことを紹介している。田辺は一高の理科を首席で卒業し東大の数学科に進んでいる。その後哲学科に入り直すのだが、そのさいに自分の進路について亨吉に相談したらしい。亨吉がどのようなアドバイスをしたのかわからないが、哲学者田辺元の誕生に大きな役割をはたしたことはまちがいない。

こうしてみると、亨吉は思想家、哲学者というよりは教育者なのだ。

亨吉の功績といえば安藤昌益の発見がまずあげられるし、本多利明や志筑忠雄の思想を広めたことなどから、亨吉は日本思想史の研究者、哲学者と規定したくなるのだが、自分自身の思想については一冊の著書も残さなかったのだから哲学者とは言い難い。

青江は別の箇所で亨吉を評して「彼は本質的には寺子屋の、あるいは、小学校の教師であった」と言っているが、それはするどい指摘である。一高は寺子屋ではなく、もちろん小学校でもなかったが、阿部や田辺は亨吉から、まちがいなく、学問以前のものを学び取ったのだ。教育者としての亨吉のユニークな一面を示すエピソードが残っている。鈴木正は『思想』に収められている「偉大な師表―狩野亨吉にみる破格の精神」で亨吉が争いを根本から否定する精神をもっていたとして、こう書いている。

当時一高は野球・柔道・ボートレースなど二高や高商と張りあい、意気さかんであった。競争が応援を含めて度はずれに過熱してゆく弊害を心配した狩野校長は、対抗試合を禁止したのである。明治三九年にでた『運動界之裏面』という本にも「学業の前にこそ倒れんとすれ、運動に対しては多くの同情を持たぬ」校長の方針が一高運動部の衰退の一因だとかかれている。

また〝勝負に泣くな、練習に泣け〟という名セリフをはいた学生野球の開拓者・飛田穂洲が、他校との試合を許可してほしいと申し出たときのことを回想している。校長はニコニコしながら「もし昔の聖人の教えの中に、人と争って、これを打ち負かせといっていられるか、それを調べてみなさい」といったという。キャプテンの長与又郎（のちの東大総長）をはじめ、みんなで手分けして、論語、孟子のほか仏典やバイブルまであさったが、みつからず引き下がらざるをえなかった。戦争にくらべたらスポーツは競争の進化・洗練した競技の形である。それにたいしてさえ、争いを否定する姿勢をくずさない亨吉の態度には、徹底的な平和の信条が純朴なまでに前面に出ている。

後段の出だしは、飛田穂洲が他校との試合を許可してほしいと申し出た、と読める。私の読み方が正しいとすれば、それはおかしい。飛田が水戸中学から早稲田に進んで野球部に入ったのは明治四十年であり、亨吉は明治三九年に一高を去り京都大学に赴任している。ということは、飛田が水戸中学時代に亨吉と談判したことになるが、それは考えにくい。他校との試合を「許可してほしいと申し出た」のは飛田ではなく、長与をはじめとした一高野球部員であろう。飛田は長与から聞いた話をまとめたのだと思われる。青江の『生涯』にはこう書いてある。

早大野球部育ての親、飛田穂洲によれば、一高野球部はもちろん試合中止をききいれず亨吉のところに押しかけると亨吉は〝むかしの聖人の教の中にヒトと争ってこれを負かせといっているか調べて見たまえ〟と言い、選手たちは手分けしてあらゆる東西の古典をあさったが見当たらずとうとうサジをなげた。

このときもっとも熱心に調べあげたのが、時の二塁手でキャプテンの長与又郎であった（『学生野球に六十年』）。又郎は白樺派の作家長与善郎の兄で、後に東大の総長になった。

鈴木の「偉大な師表―狩野亨吉にみる破格の精神」は、一九八四年の十二月に秋田魁新報に掲載されたものである。青江の『生涯』は一九七四年に出版されているので、鈴木は、青江の『生涯』のこの箇所を参考にして書いたと思われる。
私の推測が当たっていればの話だが、青江は、一高野球部が亨吉のところに押しかけた、と書いているので、鈴木は飛田が一高野球部員であったとかんちがいしたのではないか。しかし、亨吉と談判したのが飛田であったか長与であったかはどうでもいいことである。問題は亨吉が対外試合を禁止したことである。おそらくスポーツそのものを否定しているわけではなく他校と競うのがいけないということなのだろうが、それにしてもと思ってしまう。これは一国の元首が、スポーツは認めるがオリンピックに参加することを禁ずる、と言うようなものだ。亨吉はなぜそんなことを言ったか。青江は『生涯』でその理由をこう説明している。

亨吉が、対校試合には大した利益がないと考えたのは、もちろん彼の〝哲理〟にもとづくものであったが、それだけではなかった。むしろそれよりも学生たちが各種競技の応援などには殆ど情熱を感じていないという〝現実〟への認識が強かったと私は見たい。

青江が「対校試合には大した利益がない」と書いたのは亨吉が「競争の利益は認められない」と言ったことによるものだ。つまり、競争は無益だと亨吉は言ったのだが、青江は、それは現実認識の問題だと言っている。私はそうは思わない。
今でこそ、たとえば早慶戦に見られるように学生は大学スポーツで盛り上がるが、当時は一般学生には運動部には冷淡だったと青江はいうのだ。それは、一高野球部で捕手として活躍した青江が身をもって体験したことなのだろう。村上春樹は『やがて悲しき外国語』の「ヒエラルキーの風景」に「だいたい「都の西北」を歌ったことだってないんだから。」と書いている。大学スポーツが過熱しているところにも村上のようにまったく関心を示さない者がいる。その割合は、一高では圧倒的に多かった、というのが青江の主張であろう。それはおそらくそのとおりだ。しかし亨吉が多数派の顔色をうかがうような人物だとは思えない。校長という地位にしがみつきたいと思えば「現実」への認識に動かされることがあるかもしれない。

でも亨吉は地位に恋々とする人物ではない。亨吉が競争に利益がないと言ったのは、鈴木が書いたように争いを否定する「徹底的な平和の信条」であり、青江がいう亨吉の「哲理」に基づいているのであってそれ以外ではない。

校長である以上学生に毅然たる態度で臨むのは当然だが、それ以外の勢力の圧力にも亨吉は屈することはなかった。そのエピソードを紹介しよう。

青江は『生涯』に鳩山一郎の母親のことを書いている。青江によれば、鳩山が一高に入学したとき、鳩山一郎の母、春子が、「あんな寮では息子がだめになる、通学をさせるからと言いに来た。」それを黙って聞いていた亨吉は「ここは入寮が建前です。それが気に入らぬとすれば退学届を出して下さい。」と言ったという。このエピソードは青江が一高の寮に入った当時も語り継がれていたという。有名な話らしく鳩山一郎についてのエピソードでは、よく出てくる話だ。別のところではこうなっている。春子があんな汚らしい寮に息子を入れるわけにはいかないとまくしたてると、亨吉は「寮に入るのが嫌なら他の学校に行かれたらどうですか」と応じた。

春子は「鳩山家には鳩山家の教育方針がございますから」と食いさがったが、亨吉は「それでは学校教育をやめて家庭教育にすればいい」といいなした、ということになっている。

青江は「一郎の父秀夫は当時東京で、政財界に顔の売れた弁護士で」と書いているが、これは青江のまちがい。鳩山一郎の父は鳩山和夫で秀夫は一郎の弟である。

それはともかく鳩山和夫は明治政府の第一回留学生としてコロンビア大学、エール大学で学位をとった弁護士であり、のちには衆議院議長を務めた有力者であった。その息子といえども亨吉は特別扱いしなかったのである。

その後の鳩山一郎についてはここではとりあげないが、私は一つ気になることがある。それは後に鳩山一郎が文部大臣となり滝川事件にかかわったことである。そのときは亨吉はもう京都大学を辞していたが、かつての教え子が自分の勤務していた大学の自治権に介入してきたことをどう考えたのだろうか。亨吉は東京にいたがこの事件を知らなかったとは思えない。知ってはいたが、たとえ教え子がからんでいようといまいと、政治問題には関心がなかったかもしれない。

亨吉は政治問題だけでなく時事問題を論評することはなかったけれども、それでも何か思うところがあったのではないかと私は考えている。

ついでながら、青江はこのエピソードを「もう一つは明治以後の教育ママ第一号とされる鳩山春子のケース。」という書き出しで始めている。鳩山和夫から鳩山家の男子は四代東京大学を出ているが、それは春子をはじめとした母親の教育熱心さによるものだろう。長野県はかつて教育県といわれたが春子は長野の出身である。一郎と秀夫は毎日午前四時に起こされて勉強していたそうだ。朝早く起きて勉強するのは鳩山家の伝統だったようで、私は鳩山邦夫が朝早く起きて勉強していたとラジオ放送で話したのを聴いている。昭和四五、六年ごろだったと記憶しているのだが定かではない。私ぐらいの年代の人なら前田武彦が「ヤング・ヤング・ヤング」というラジオ番組をもっていたことを思い出せると思う。そのマエタケの番組に鳩山邦夫が出演したのだ。まだ、衆議院議員になる前、田中角栄の秘書をしていたころだったと思う。そのときに鳩山邦夫が受験勉強の話をしたのだ。もっとも、それがメインテーマではなく、メインは邦夫の政治信条についてであったと記憶している。それを聞いていたマエタケが、「僕はあなたを応援しますよ」などと言ったものだから、マエタケは何て調子のいいやつなんだろうと思ったことだけははっきり憶えている。これも年配のかたならご存知だと思うが、一九七三年の参議院選挙の大阪選挙区で共産党公認の沓脱タケ子が自民党公認の森下泰を破ったとき、「夜のヒットスタジオ」という生番組に出演していた前田武彦はそれを知って番組の終了まぎわにバンザイをしたのだ。

この事件以後マエタケはテレビ界からほされることになるのだが、それ以前から彼が共産党の支持者であることは知られていたのだから、田中角栄の信奉者であると明言した鳩山邦夫を応援することなどありえないはずだ。

安藤昌益の発見

話が横道にそれてしまった。元にもどそう。

一高時代のことでふれておかなければならないことは何といっても安藤昌益の発見である。失踪して行方不明になっていた人物についてならともかく、医者として実在していた人物について「発見」という言葉を使用するのは本来であれば適当ではない。しかし、安藤昌益は、医者ではあったが、時代を先取りするユニークな思想家でもあった。その思想体系は亨吉が『自然真営道』を入手するまで世に知られることはなかったのである。もちろんこの言い方は正確ではない。亨吉は『安藤昌益』で、宝暦四年刊行の新増書籍目録に自然真営道三冊が掲載されていると書いている。つまり、出版されたことは知られていたのだ。ただし、その後それについてもその著者についても言及された記録は見つかっていない。もし亨吉がいなかったら安藤昌益のことは永久に誰にも知られることはなかっただろう。

やはり、昌益は亨吉によって「発見」されたといっていいのだ。

亨吉が明治三十二年に『自然真営道』を入手した経緯は、角館出身のジャーナリストであった川原衛門の『追跡　安藤昌益』（図書出版社　一九七九年）によれば次のとおりである。

祖先が安藤昌益の弟子であったと思われる北千住の橋本律蔵が『自然真営道』九十二冊を所蔵

していた。橋本律蔵はそのことを隠していたが、町内の親しかった内田家にだけは、世間に知られるとまずい本を所有していることを打ち明けていた。橋本律蔵が亡くなると豪商であった橋本家は没落し律蔵の蔵書はすべて浅倉屋書店に売却されてしまった。内田天正堂という帝大の史料編纂掛をしていた学者は父から『自然真営道』のことを聞いていたので浅倉屋書店からそれを買い取った。内田は全冊に「極秘」という印を押したが、『自然真営道』を理解できず、一高近くの田中清造という古本屋に売ってしまった。田中はこれを亨吉のところに持ち込んだ。

これは渡辺大濤の「昌益発掘のいきさつ」を川原が要約したものである。川原は『追跡 安藤昌益』で、これは渡辺大濤の説だと何度かことわっており、この経緯を疑っているふしがある。川原の調査によれば、『自然真営道』が浅倉屋書店に売られた形跡は確認できず、内田天正堂という人も実在が確認されていないようだ。青江の『生涯』には亨吉が『自然真営道』を入手した経緯はふれられていない。それは入手の経緯などどうでもいいと思ったのか、あるいは、青江は渡辺を信用していなかったから、はなから渡辺の書いたものを使う気はなかったのかもしれない。

経緯はともかく『自然真営道』を入手した亨吉はそのユニークさに驚く。これは狂人ではないかと思って、東大の精神科教授の呉秀三博士に精神鑑定を依頼したぐらいだ。そして『狩野亨吉遺文集』に収められている「安藤昌益」の発表に至るのだが、これは後のことになるので、亨吉の京都大学時代に進もうと思うが、その前に、亨吉の入手した『自然真営道』のその後についてふれておこう。

『自然真営道』は亨吉の手を離れ、東京大学図書館の所蔵になるのだが、川原は前掲書でその経緯について調べている。まず渡辺大濤の「昌益発掘のいきさつ」から引用している。それによれば「大正十二年春、吉野作造博士から大学に八千円の金があるから、右の書を買い取ろうとの案が出て、相談がまとまり、狩野博士が決して手離さないと平生語っておられた『自然真営道』とその他『藤岡由蔵日記』など三種の珍本が東京帝大図書館の所蔵となった」ということだ。これからは亨吉と東大が直接交渉したように読めるが、実際はそうではなく、川原の調査によれば、『自然真営道』は亨吉から石本恵吉に売却され、石本恵吉から東大に売却されたらしい。

川原は石本恵吉についても調べている。それによれば彼は東京帝大の工科を出て三井鉱山に勤務した技師であったが、神田に大同洋行という洋書専門の本屋を開業した。彼は岩波茂雄と亨吉のところに出入りしているうちに『自然真営道』のことを知る。そしてそれを買い取った理由については、川原は石本恵吉の長男石本新（当時東京工業大学教授）に取材している。石本新によれば「父は昌益に関心を持っていたとは思えません。きっと、かつての恩師狩野先生がお金に困っておられたので、それを援助するつもりでなかったでしょうか」ということだ。

石本新の談のあと、川原はこう続けている。

「狩野先生がお金に困っていた……」石本新氏のいう意味は、亨吉が投資をしていた東京鋼鉄製作所の倒産によって債務弁済に追い立てられていた彼が、貴重な蔵書を東北大学に売り出していたことと照応する。

この記述はまちがいではないが、正確ではない。まず、東京鋼鉄製作所は倒産はしていない。ただし、この大正十二年に経営は苦しくなって税金も払えなくなったようだ。そして匿名組合を解散し合資会社になったと思われるのだがはっきりしたことはわからない。この会社は満州事変などの戦争特需で持ち直し、現在も東京鋼鉄株式会社として存続している。

次に東北大学に蔵書を売ったのは数回に渡っているが最初は大正元年である。東京鋼鉄製作所の設立は大正七年なので、最初の売却はこの会社のせいではない。

安倍能成や鈴木の『思想』の年譜には「大正初年ごろより、後輩山本修三のヤスリ会社に関係し、死にいたるまで、その債務の責任を負って苦労した。」と記述されている。大正七年の設立なのになぜ「大正初年」とされているのか私にはわからない。ただし、大正十二年は東京鋼鉄製作所が苦境に陥ったときなので、亨吉が金に困っていた時期であったことはまちがいない。もっとも亨吉が金に困らなかった時期などなかったと思うが。

そしてこのヤスリ会社が、大正初年か七年かは別にして、生涯にわたって亨吉を苦しめたことはまちがいがない。東京鋼鉄製作所と亨吉の関係については、あとでふれたい。

とにかく、こうして『自然真営道』は東京大学に保管されることになる。ところが、その年の九月一日に関東大震災による火災で東大図書館の蔵書八十万冊は灰になってしまう。

川原によれば内田魯庵がこのことを大正十三年の『改造』に「典籍の廃墟」というタイトルで書いているそうだ。それは「日本においては古来から頻発した火災によって、いかに膨大な典籍が灰燼に帰したかを記述した」もので、その中で『自然真営道』について述べているそうだ。以下は川原によるその要約。

博士は万巻の書をよく蒐め、よく散じて執着なかったが、この二つ（『自然真営道』と『藤岡屋日記』をさしている。：庄司）だけは深く愛惜して万金を積まれても換えないと声言していた。しかるに私人で独占するのは学術のためにならないと信じて大学へ割愛したところ、災上の厄に遭ったので、博士は「眠れる獅子」の生きながら火葬されたような気がすると嘆いた。

亨吉は本当に「眠れる獅子の生きながら火葬されたような気がする」と言ったのだろうか。このような文学的表現とは無縁の人と思っていたが、本当にそう言ったのだとすればよほど悔しかったのにちがいない。また「私人で独占するのは学術のためにならないと信じて大学へ割愛した」ことになっているが、大きな理由は亨吉の経済的事情によるものだ。しかし内田魯庵のいうように図書館であれば、より多くの人の目にふれることになり、昌益の研究はより進展するだろうと考えたのも頷ける。ところが、公共の場に移したばかりに、その意図とは反対に『自然真営道』は人の目にふれることがなくなったのだから皮肉なものである。

なお、九十二冊のうち東京帝大教授三上参次が十二冊を借り出していたし、渡辺大濤が二冊を自宅に保管していたので、十四冊は無事であった。『自然真営道』の内容については次章でふれることとし、京都帝大時代の亨吉について見てみよう。

京都大学へ

明治三十九年、亨吉は京都帝国大学初代文化大学長に任じられ倫理学講座を担当する。青江が引用している『京都大学文学部五十年史』によれば、学長には早稲田専門学校の教授であった大西祝（おおにしはじめ）が就任する予定であった。大西はそのためにドイツの大学の制度・組織を調査すべくドイツに留学するのだが、ドイツで病気になり帰国してのち病死してしまう。

『京都大学文学部五十年史』には、「特に大西、谷本両氏には三十二年六月に京都帝国大学より、ドイツ帝国およびその他の国々の文科大学の制度・組織を調査すべきことが依頼された。」と書いてあるが、留学の目的などどうでもよく、とにかく洋行させたかったのではないかと私は考えている。当時は大学教授になるためには洋行帰りでないとだめだったようだ。大西は東大哲学科を首席で卒業した秀才で、坪内逍遥とともに早稲田文学部の基礎をつくった逸材である。留学しなくても大学教授は十分務まったと思われる。彼が東大で教鞭をとらなかったのは、彼がキリスト教徒であり棄教を迫られたからだと言われている。京大はさすがに進歩的で棄教を求めなかったようだが、留学は必須だったのだ。私は大西の病名は知らないが、もしドイツに行っていなければ発病しなかったかもしれない。そうすれば、西田幾多郎も大きな影響を受けたと言われ、鈴木正も『思想』で高く評価した大西は夭折しなかったかもしれない。

京都大学も罪なことをしたものだ。もっとも、あの漱石ですら大学教授になるためには留学せざるをえなかったのだから、やむをえなかったのかもしれない。

にもかかわらず外国留学の経験のない亨吉はなぜこのポストにつくことができたのだろうか。まずあげられるのは沢柳の尽力である。亨吉自身もそのことについては言及している。青江が、「〝漱石を語る〟がいささか他人行儀的であるのに対し、もっとすなおな情愛に溢れている」と評した「沢柳を語る」で、亨吉は、沢柳が自分を一高校長に推薦してくれたとして「其後余を京都の文科大学長に推したのも沢柳君が主であった。」と言っている。

もうひとつあげられることは、沢柳の尽力もさることながら、やはり亨吉の力量であろう。留学の経験の有無にかかわらず大西にとってかわれる人材は亨吉をおいてほかにいなかっただろう。

亨吉の京都大学での講義について、青江は京都大学文学部の第一期生であった羽渓了諦（哲学者）が『京都大学文学部五十年史』に寄せた回想を紹介している。

新任の六教授はいずれも壮年気鋭の学者であって、東京帝大の文科に優るとも劣らない新鮮な異色ある学風を発揚せねば措かないという熱意に燃えて居られたように見受けられた。狩野（亨）先生の全く型破りともいうべき独創的体系に基づく倫理学の講義や……

文中、（亨）となっているのは、当時、狩野直喜という中国学の教授がいたのでその人と区別するためである。狩野直喜は肥後の人で亨吉の親戚ではない。内藤湖南、桑原隲蔵らと京都支那学の基礎を築いた人で亨吉より有名だったかもしれない。

亨吉が死亡したとき朝日新聞に死亡記事がでたが、その写真は狩野直喜のものであったという。それはさておき、亨吉の倫理学が「独創的」で「型破り」であったということであるが、具体的にはどういうところを指しているのだろうか。

亨吉の講義内容については、鈴木正の『狩野亨吉の研究』（ミネルヴァ書房）に「倫理学講義手稿」が掲載されており、それにより全貌を知ることができるのだが、私は『狩野亨吉の研究』が入手できていない。青江は『生涯』で、この「倫理学講義手稿」について、「亨吉の遺物の中にはそれに類するものがまったく見当たらない。」と言ってから、「ストレートに邪推すれば、それを誰かが、ある時期に遺品の中から持ち出し、鈴木氏が今度この本を書くために、そのひと、あるいはその事業体から借りたとなるが、あるいはそうではなくて、当時の学生のノートしたものが残っていてそれが同氏の手に入ったのかもしれない。」と言っている。おそらく後段が正しく、前段は青江自らいうとおり邪推であろう。誰かが遺品の中から持ち出して鈴木に渡すということは考えにくい。

実は『狩野亨吉の研究』は何かのトラブルがあったということで刊行後ほどなく絶版になって

いる。そのトラブルが、青江のいっていることと関連があるのかどうか私は知らない。

それはさておき、青江は『生涯』の第二編第四章「五 倫理学講義」で鈴木の提示した「倫理学講義手稿」に基づいて亨吉の倫理学をかなり詳しく説明している。「述語の説明」から始まり、「尽性と作用」「本文と過失」「義務と罪過」……と解説が続くのだが、例によって、自由奔放な書き方なので、どこが亨吉の見解でどこが青江の見解なのかはっきりしない。

ただし、そのことは別にして、ここに書かれていることは、私には、ごくまっとうなことと思え、どこが「型破り」なのかわからない。哲学の研究者なら、ここが独創的だと指摘できるのであろうが、私の哲学の知識はごく浅いもので、私には亨吉の倫理学を評価する資格はない。

ただ、なるほどと感心したところを一つだけあげておきたい。それは、青江が「〝倫理学〟を亨吉は〝人の動作を明確にする学問〟と定義する」と書いていることだ。「倫理学」が「人の動作を明確にする学問」と定義されるならば、「倫理」は「人の動作」ということになる。以前、マックス・ヴェーバーの『プロティスタンティズムの倫理と資本主義の精神』を読んだことがあるのだが、ヴェーバーのいうことがよくわからなかった、プロティスタントの倫理は資本主義の精神とは相反するものではないかと思ったのだ。

「倫理」を国語辞典で調べてみると、「人のふみ行うべき道。道徳。」とある。亨吉の定義では「人の動作」である。これは「行動様式」といってもいいだろう。

私は、倫理イコール道徳と考えていたために、ヴェーバーのあの難解な本の理解が進まなかったのだ。亨吉の定義にしたがって、『プロティスタンティズムの行動様式と資本主義の精神』と訳せば少しはわかったような気がしてくる。

亨吉ならそう訳してくれたような気がするのだがどうだろうか。

私は狩野倫理学の独創性がどこにあるのかを指摘できなかったが、鈴木が『思想』で書いている次の箇所はヒントとなる。

明治三九年京都帝国大学文科大学開設にあたり初代学長となり、倫理学を担当、自由意思・神の存在・霊魂の不滅を人類の三大妄想と断定する徹底した科学一元論でもって倫理学を講じた。

今でこそ、神の存在・霊魂の不滅など妄想だと断じることは容易だが、あの時代に、国家神道を推し進めていた明治政府の下で、そのようなことを言うのはよほど勇気のいることではなかったかと思う。

自由意思については、それを肯定するにしろ否定するにしろ哲学・倫理学の重要な論題のひとつであるはずだが、それは妄想だというのだから、たしかに「型破り」にはちがいない。

京大辞職と内藤湖南のこと

型破りといえば、亨吉は不可解な行動に出る。二年で京都大学文科大学長、教授を辞してしまうのだ。それは恩給の受給資格に達する三か月まえのことであった。もう三か月我慢していれば恩給がもらえるようになるのだ。本当に狩野亨吉という人は不思議な人だ、金に困っていないのならともかく、蔵書を売却しないといけないぐらい困っているのに恩給はいらないというのだから。鈴木は前掲『思想』の「偉大な師表」で「亨吉はもともと恩給不可論者であり、それが官吏の特権であった時代に「やるなら百姓にも恩給すべきである」と語っていた。」と書いている。

恩給をもらうのが嫌だから辞職したわけではなく、よほどのことがあって、それが恩給よりももっと重大なことだったということなのだろう。ではそれは何か。

辞職の理由は一応病気ということになっている。事実体調を崩していたらしいのだが、病気が主たる理由ではなさそうだ。よく言われているのは、当時朝日新聞にいた内藤湖南を教授に招聘しようとしたときに文部省から反対され、それで嫌気がさした、というものだ。青江の『竜の星座　内藤湖南のアジア的生涯』（中公文庫　一九八〇年）によれば、この時は文部省だけでなく、学内でも谷本教授が反対したという。亨吉は「内藤をとらぬならおれもやめる」と言って谷本を黙らせたらしい。文部省だけでなく、自由な学風を標榜していたはずの身内からも反対の声があがるのだから、亨吉でなくても嫌になるのはわかる。

内藤湖南は秋田師範の出身で帝大卒業生ではない、もちろん留学の経験もない。そういう人物を教授にするというのはいかがなものか、というわけだ。文部省は「お釈迦様であろうと孔子であろうと官学の経歴がないものはだめだ」と言ったと伝えられている。あるいは、同郷だからとえこひいきしているのではと思われたのかもしれない。たしかに亨吉の生地大館と湖南の生地毛馬内はすぐ近くである。しかし、明治以降は同じ秋田県となったもののそれ以前は大館は秋田藩で毛馬内は南部藩であったのだ。しかも亨吉は、先に書いたように、戊辰戦争で南部藩に攻められて命からがら大館を脱出してきたのである。同郷だから引き立ててやろうと思うはずがない。亨吉の判断基準は能力だけであって、出身地だとか、学歴はまったく関係ないのだ。亨吉は、やはり大学を出ていない幸田露伴を教授に招聘した。

その後の露伴や湖南の活躍を見れば、亨吉の判断がまちがっていなかったことはよくわかる。

そして、東京大学が官吏養成の機関になってしまっているという反省をふまえ、純粋な学問研究と教育のための大学を政治の影響をうけにくい関西につくろう、という当初のねらいは、経歴ではなく能力を重視するという亨吉の判断とその方針をつらぬいた努力によって実現されたのだ。これは亨吉以外の人ではなしえなかったといっていいだろう。

ここで本論のテーマから少しはずれるが、亨吉の期待に充分に応えた内藤湖南のことについてふれておこう。湖南は亨吉とちがって多くの著述を残した。「内藤湖南全集」も出版されているし、湖南の研究書もいくつか出ているのでその人となりについては私たちは充分うかがい知ることができる。司馬遼太郎も『街道をゆく』の「秋田県散歩」で、「湖南の奇跡」というセクションを設け、業績や人柄について書いている。そして、桑原武夫が「つねづね不思議に思っていることがあります。秋田県・岩手県のどこか一点にコンパスの針を置くとしますと、直線数理の円内に、狩野亨吉、内藤湖南、それに原勝郎（岩手県）という人たちの生地があります。このせまい地域から日本の三大歴史家が出ているのはどういうことでしょう」と言ったと紹介して「秋田県散歩」を締めくくっている。私は原勝郎についてはまったく知らなかったのだが、調べてみると盛岡の人であった。したがって、大館や鹿角とは少し離れているので、「このせまい地域」とは言い難いと思うのだが、そして亨吉が「歴史家」といえるのかとも思うが、「歴史家」を広い意味でとらえれば、たしかに北東北に偉大な人物が生まれたことは驚くべきことだ。

このように評価の定まっている湖南について私がつけくわえることはほとんどないのだが、湖南のある「態度」についてふれてみたい。青江は『竜の星座』で、明治天皇の崩御のさいに湖南が何もコメントしなかったことに対して、「鷗外、漱石、徳富蘆花などの悲痛な感想はそれぞれ有名だが、私の見るかぎり、湖南はそれに対してどんな文章も詩も残していない。……これが私の湖南におけるもっとも大きい謎だ。」と書いている。

そして「支那歴代の皇帝、支配者たちに関する知識のあれほど豊富な湖南だから、その中の誰かとの比較において明治天皇を語るということが当然あっていいのに、まったくそういうものが見当たらないという（乾吉氏）。これをどう理解したらいいだろう。」とも書いている。カッコ内の「乾吉氏」とは湖南の長男である内藤乾吉氏のことだ。湖南の身近にいた人もわからないのだから、われわれがわからないのは当然である。

湖南は保守的なナショナリストというイメージがあるのになぜ明治大帝についてコメントしなかったか。まず、湖南は朝敵であった南部藩の出身であったから、ということは考えられないこともないが、彼は皇室を敵視していたわけではないから、それは大きな理由ではないだろう。私は湖南が「政治嫌い」であったからだと推測している。青江は『竜の星座』で、明治四十年に毎日新聞主催の比叡山での湖南の講演を紹介している。それによれば、湖南は「私は政治家というものは人間の生活の中では原始的の下等な事だと思っております。」と話している。これは速記録なので正確ではないかもしれない。「政治家というものは」は「政治というものは」のまちがいではないだろうか。というのは、このあとに、「政治とは支配であるが、蜂とか蟻とか犬や牛の動物生活にも支配がある」と言っているからだ。

おそらく湖南の言いたかったことは、政治家が下等である、ということではなく、政治は人間に固有のものではない、ということだったろう。このことをもって湖南が政治嫌いだったとは即断できないかもしれない。政治は根源的なもの、動物の本質的なものとも解釈できるからだ。しかし、政治は人間を人間以外の動物から区別できる人間固有の活動とはとらえていないので、やはり、政治活動は一段低いものと考えていたのではないだろうか。

明治天皇は政治家とはいえない。しかし大日本帝国憲法では天皇は元首であって統治権を総攬すると規定されていたのだから、実際は元老の政治であったかもしれないが、憲法上は最高の政治権力者であった。湖南は歴史家であったから過去の中国の政治についてふれることはあっても、現在の日本の政治については歴史家としても、そして彼の性向からも語ることは気がすすまなかったのではないだろうか。

政治、政治家に対して距離を置くというのは亨吉と共通するところがある。ひょっとしたらこれも秋田人の「性癖」なのだろうか。私はだいたいにして「県民性」なるものを信用しない。人口移動がほとんどなかった古代、中世ならともかく、「県」というものができてからは、地域の特性はうすれてきているはずである。しかし、「県」が誕生した明治以降、隣の岩手県は数名の内閣総理大臣を輩出したが、秋田からはまだ総理大臣は出ていない。そのかわり、というのは変かもしれないが、桑原武夫に大歴史家と言わしめた学者を出している。そのようなことを考えてみると、やはり「県民性」というのはあるのかもしれない、と思ってみたりもする。

亨吉の京大辞職の件に戻ろう。

青江は『生涯』で、「これまで書かれたものによれば、亨吉が京都大学をやめた原因として、例外なく〝内藤湖南を教授にするために文部省と衝突した〟ことがあげられている。だが私にはそれだけが主因であったとは思われない。」と書いている。

そして「文科大学創設に参画したひとたちの中で、亨吉だけが〝洋行帰り〟でなかった。亨吉だけが博士でなかった。亨吉だけが大学教授の経験がなかった。」と続け、他の教授らから「執拗陰険な策動と妨害」があったとしている。

亨吉は明治四十年に文学博士の称号を与えられている。ただ、亨吉が文科大学長に任ぜられたのは明治三十九年であったから、青江の書いていることは正しい。もう一つは「洋行帰り」のことだ。亨吉ほどの人がなぜ留学経験がなかったか誰しもが不思議に思う。ある人は、亨吉が留学しなかったのは、「父母います時は遠く遊ばず」という儒教の教えを固く守ったもので、まことにおくゆかしい、と言ったそうだが、青江はそれを否定する。彼は、ただたんに運が悪く順番が回ってこなかったからだ、と言って、そのほかに影響した思われることを三点あげている。

まず、亨吉自身が留学にそれほど魅力を感じなかったこと、風貌に対するコンプレックスがあったこと、そして漱石がロンドンで苦労したことをあげている。

私は、最後の点、漱石の留学が苦難であったことを亨吉が知っていた、ということがいちばん大きいと思う。漱石がロンドンでいかに苦労したかについては、あまたの書で詳述されているのでここではふれない。しかし、漱石と同じ下宿にいて漱石と親交のあった池田菊苗についてはコメントしておこう。池田はグルタミン酸ナトリウムの発見者として知られているが、それよりは「味の素」の発明者といったほうがとおりやすいかもしれない。漱石は池田の博識を高く評価し、池田が帰国するとき、寺田寅彦に池田に会うように手紙を書いている。池田が漱石を感服させたということは、池田がロンドンで溌剌としていたということであろう。漱石のようにノイローゼにならなかったのは、イギリスに留学する前にドイツへの留学経験があったからともいえるが、私は言葉の問題が大きかったのだと思う。漱石よりも池田のほうが英語ができたというのではない。私は池田がどれだけ語学ができたかは知らない。自然科学だけでなく哲学でも漱石をやりこめたぐらいだから相当英語はできたのだろう。でも漱石ほどではなかったはずだ。あの当時の日本人で漱石よりも英語ができた人はいなかっただろう。どちらが英語がよりできたかは問題ではなく、池田の専攻が自然科学で、漱石の専攻が人文科学であったことが問題なのだ。池田の分野は数式や化学式で勝負でき言語はそう大きな障害にはならない、イデオロギーも入り込む余地はない。ところが人文科学や社会科学は言葉で勝負せざるをえない。ましてや漱石の専攻の英文学は言葉そのものなのだ。いくら漱石が英語ができたとしてもネイティブにかなうはずがない。そしてその背景にあるイギリスの支配的イデオロギーである「個人主義」は、漱石が属していた武士階級の支配的イデオロギーである「滅私奉公」からはもっとも遠い距離にあった。漱石ほどの知力をもってしても、その距離を縮めることは容易ではなかったのだ。

もし漱石が、いい加減な人物で、箔をつけるための留学なのだからまじめに勉強しなくてもいい適当に過ごしていればいい、と考えることができたならそれほど苦しむことはなかっただろう。しかし当時の日本人のエリートは国家を背負っていたのである。私費留学ならともかく文部省からの命令なのだ、いい加減にわりきることはできなかった。それもまた漱石の苦悩であった。

留学仲間から「夏目金之助発狂セリ」という手紙が文部省に届いたことを、亨吉はおそらく知っていた、そして漱石の苦悩の原因も知っていた。自分が留学を命ぜられるなら自然科学ではなく人文科学の分野であることもわかっていたはずだ。

亨吉は物理や数学以外は学問として認めていなかったし、ましてや哲学や倫理学等の言葉で勝負する分野のために留学しようとは思わなかっただろう。

少し話が横道にそれそうなので戻ろう。亨吉の京大辞職の理由であった。亨吉は留学の経験もなく博士でもなかったから、学内で、わかりやすく言えば、「いじめ」にあったから嫌気がした、というのが青江説であった。つまり青江は、亨吉は対外的な問題より大学内部の問題で嫌気がさして辞めたのだとしているが、どのような「策動と妨害」、わかりやすくいえば、「いじめ」、があったのかはあきらかではない。ただ、大西の病死によって自分が学長になるだろうと思っていた人はいただろうから、亨吉が学長になったことを快く思っていない人たちがいたことは確かだ。

しかし、組織にいればそのようなことは日常茶飯事である。私は、やはり組織内部の問題ではなく、対外的な問題であっただろうと考えている。内藤湖南の問題を通じて、亨吉は将来の「沢柳事件」や「滝川事件」を予見していたのではなかったかと思う。湖南の教授昇格の件は亨吉の主張がなんとかとおったが、文部省の圧力と大学の自治の問題になれば、自分の後ろ盾ではあるが文部省を代表する沢柳と大学の管理者である亨吉の関係は当然デリケートなものになる。

亨吉はそのことをも考えたのではないか。

「滝川事件」はよく知られているのでここではふれないが「沢柳事件」について少しふれておきたい。亨吉は明治四十一年に京都大学を辞しているが、その五年後の大正二年に沢柳政太郎が東北帝国大学総長から京都帝国大学総長となった。沢柳は就任早々七人の教授の首を切ってしまう。そのゴタゴタが半年あまり続き、沢柳は就任後一年未満で辞職を余儀なくされる。これが「沢柳事件」である。沢柳はなぜ七人の首を切ったか。立花隆は『天皇と東大　上』（文藝春秋　二〇〇五年）でこう書いている。

先にやはり文部次官（総務局長官）だった岡田良平が京都帝国大学に二代目総長として天下ったものの、学内から総スカンを受けて在職一年にも満たないうちに辞職のやむなきにいたったことがあるという話を書いたが、その二の舞となったわけである。沢柳にしてみれば、岡田追い出しのリベンジをはかるつもりだったのかもしれないが、その思惑は外れて、返り討ちに会ってしまったわけである。

立花は「岡田追い出しのリベンジ」だとしているが、松本清張も前掲『昭和史発掘　4』の「京都大学の墓碑銘」で「さきに岡田総長が来たときも文部次官は沢柳政太郎であったから、この京大改革は岡田と沢柳の合議であったことは十分に察しがつく。」と書いている。日本を代表する文筆家である二人がそういうのだから、そうなのかもしれないが、沢柳ほどの人物がそのような狭量なことをするとは思えないのだ。立花も書いているように、沢柳は、人格者であって敵からも尊敬されていたというのだから。

沢柳が京大総長に就任したとき、実は東大、東北大、九大も総長が更迭されている。当時はこの四つしか帝国大学がなかったから、すべての帝国大学の総長がいっせいに替わったのだ。この大交代劇を実行した当時の文部大臣は奥田義人で、立花によれば、奥田は沢柳を奥田の高等教育機関における学制改革の尖兵として京大に送りこんだというのだ。つまり沢柳は奥田の考えを忠実に実行したのであって、私憤をはらしたのではないと私は考えている。その証拠に、沢柳は京都大学法科大学の抗議に屈したかたちで総長を辞職するのだが、沢柳が罷免した七教授は復職しなかったのである。このことについて松本清張は前掲書で、「京都の七教授のときは、大学の中の人にも、あの七人はまあしょうがない、というような気持ちが少しでもあったんじゃないか。だから、しいて復活を要求するところまでいかなかったんじゃないか」という宮沢俊義の談話を紹介している。

つまりその七教授は退職を迫られてもしかたがない事情があったと推察されるのだ。結局のところ「沢柳事件」とは何であったか。立花は前掲書でこう総括している。

文部省のロジックの基盤にあるのは、天皇大権論であり、大学がわの論理の基盤にあるのは、アカデミック・フリーダム（学問の自由）論である。天皇大権はどこまでアカデミック・フリーダムをおさえつけることができるか、アカデミック・フリーダムはどこまで天皇大権に抵抗できるか、この主題による変奏曲が演奏者を変えつつ何度も繰返されたのが、戦前の大学の自治の歴史と総括できるだろうが、その最初の本格的対決が沢柳事件であったということができる。

この「本格的対決」の前哨戦が、亨吉がもたらした内藤湖南の招聘問題であった、と私は考えている。そして亨吉はきたるべき「本格的対決」を予期していた。

それは敬愛する沢柳との対決を意味するから、それを忌避し、二度とアカデミズムの世界に戻らなかったのだと思う。

市井人として

蔵書の売却

こうして亨吉は京大を去る。

その後亨吉は没するまで、亨吉の言葉を借りれば「仕官」することはなかった。年金生活者になったからではない。依然として経済的余裕はなかった。青江によれば、亨吉は株式投資をしていたという。私には、亨吉と株はどうしても結びつかないのだ。おそらく運用成績はそれほどのものではなかったろうと思われる、蔵書を手放さなければならなかったのだから。

私は、長いこと、東北大学の「狩野文庫」は亨吉の「寄贈」によるものだと思っていた。

もう四十年以上も前のことなので、どこに書いてあったか、はっきりとは憶えていないが、たしか大学の案内かなにかで、「狩野博士の寄贈」とあるのを読んだ記憶があるのだ。司馬遼太郎の「秋田県散歩」にも、亨吉は古書にうずもれて暮らし「その古書も数次にわたって東北帝大に寄贈した。」と書いてある。ところが、狩野亨吉にかんする研究書を読んでみると、それは寄贈ではなく売却であったことがわかる。

青江は『生涯』で、亨吉の「沢柳を語る」を紹介しているが、そこにはこういう記述がある。

私は自分の事で沢柳君の援助を求めた場合が二度ある。いづれも金に関して居る。一度は蔵書を手放さんとした時一纏めに引受くる所を探して見たが、私の思ふような条件では用意に纏らぬので、遂に沢柳君の世話で東北大学に買って貰ったのである。

亨吉は東北大学の総長に推薦されたことがあったのだが辞退している。そのかわりに蔵書を東北大学に寄贈したのだと勝手に思い込んでいたのだが、どうもそうではなかったようだ。東北大学への納入は大正元年に始まり、第二次納本は大正十二年、第三次は昭和四年、第四次納本は亨吉の死の翌年、昭和十八年である。

『生涯』では『東北帝国大学五十年史』の「第七節　狩野文庫の購入」を紹介している。その一部を引用してみよう。

学を好み書籍を愛した彼はこの四〇年間、代金として本学から送られた金を、清貧を甘んじてかえり見ず、直ちに書籍の購入につぎ込み、またその新購入の書籍が図書館に送り込まれてくるというぐあいで、「狩野亨吉氏旧蔵書」は増加をかさねる珍現象を呈し、一〇万冊にのぼった。東北大学はあたかも最も優秀な書籍購入家を僅かな生活費を与えただけでかかえこみ、つぎつぎに書籍を購入させてはそのことごとくを手中に収めていたようなものである。狩野はこの大学にとって最も感謝すべき一人といわざるを得ない。

『五十年史』のこの一節は亨吉の生涯を見事に要約していると思う。もし、狩野亨吉とはどういう人だったかと問われれば、この一節を示せばそれで足りるのではないかと思う。

東北帝国大学は明治四十年に創設されたが、創設当時は農科大学と理科大学しかなかった。法文学部が設置されたのは大正十一年である。したがって、東北大学は理工系の大学であるというイメージが強い。今でもたぶんそうではないかと思うのだが、私の学生時代は、仙台市民は理工系でなければ東北大学生ではないと考えているふしがあった。今の学生はアパートを借りるのがふつうだが、当時は間借りか下宿が一般的であった。私は親元から通学していたのでその必要はなかったが、聞いた話では、下宿を探すさいは、文系の学生は理系の学生に比べ不利だったらしい。私と同じ経済学部の学生が下宿を探すさいに、何学部ですかと訊かれるんだ、とこぼしていたことを記憶している。私は当時仙台市営バスで通学していた。仙台駅から工学部行きのバスに乗って扇坂というバス停で降りる。ところが、朝は非常に混雑し、満員となって乗車できず次のバスに乗らざるをえない者がでてくる。それで工学部は仙台市に交渉して、扇坂には停車しない「急行工学部行き」というバスを運行させてしまった。

私たち文系の学生は、さっさと急行バスに乗りこんでいく理系の学生を横目に見ながら各駅停車のバスを待たなければならなかったのだ。現在は地下鉄が通っていて不公平は解消されている。

文系の学生として恨み節を書いたのは、先の『五十年史』の最後の「狩野はこの大学にとって最も感謝すべき一人といわざるを得ない。」という箇所には少しコメントが必要であると考えたからだ。東北帝国大学は理科大学であって狩野文庫は理科系にはほとんど関係はない、それなのに、亨吉が「東北大学にとって最も感謝すべき一人」というのは、文系の、というよりは文学部の立場からしかものを見ていない、「文学部にとって」と言いなおすべきではないか、と思われるかもしれない。たしかに狩野文庫の購入は来るべき法文学部の設置を見すえていたことはまちがいない。しかし、亨吉の蔵書は人文科学にかんするものだけではなかった。『五十年史』は亨吉の蔵書には和算にかんする資料が多くあったことを指摘している。

『五十年史』によれば、当時東北理科大学数学科の教授であった林鶴一は和算研究の第一人者で、自らも和算の史料を多く有していた。そして林は当時図書館主幹の職にあり、狩野文庫の購入に尽力した。林の蔵書と亨吉の集めた資料を合わせると、全国の和算の資料の三分の二が東北大に集まったことになったという。つまり、亨吉が「東北大学にとって最も感謝すべき一人」という表現はけっしておおげさなものではないのだ。

東京鋼鉄製作所

とにかく、せっかく集めた書籍を売却せざるをえないほど亨吉は金に困っていた。『狩野亨吉遺文集』の「年譜」には「大正初年頃より、後輩山本修三の鑪会社に関係し、死に至るまでその債務の責任を負って苦労した。」とあることについては先にふれた。この「鑪会社」とは大正七年に設立された東京鋼鉄製作所のことなのだが、亨吉はこの会社（正確にいえば設立当初はまだ会社組織ではなかった。）に金をつぎこんで泥沼にはまってしまったのだ。

もし、亨吉がこの会社と関わりをもたなかったら、蔵書を売却する必要はなかったかもしれない、『自然真営道』も焼失をまぬがれたかもしれない。亨吉が東京鋼鉄製作所に関わった経緯については、『狩野亨吉遺文集』の「年譜附記」にこう書かれている。

鑪会社をやった山本修三は、鳥取県人で、郷里の師範学校を卒業後、志を立てて三十五年に一高仏法科に入学したが、中途で退学した。明治三十六年から先生と文通があり、四十年には先生は牛込北町に彼を訪ねて居る。山本の鑪会社に投資したのも、先生が自分の窮状を救おうとの志にもよったかしれぬが、事実は会社の債務の責を負って終世の窮状を招く結果になり、先生の知人を嘆かせた。鑪工場は大正八年頃までは好況だったが、十年以後は不振になったということである。しかし先生は関係を断たず、没年の十月頃まで重役会に列したり、山本と来往したりして居た。

青江の『生涯』には、この経緯がより詳しく書かれている。「年譜付記」では、山本の鑢会社に亨吉が投資したことになっているが、どうもそうではないようだ。青江によれば、山本は肺結核で一高を中退するのだが、亨吉は学費や医療費まで山本の面倒を見ていた。四高時代もそうであったが、学生から頼られると亨吉は断れないようだ。その山本を自立させるために、工場を経営してみたいという山本の提案にのり、石津製作所という鑢工場に出資し、山本をその工場の幹部として送り込んだのだ。そのときに東京鋼鉄製作所と商号を変更したようだ。この経緯については青江は『生涯』でかなりのページ数を割いているのだが、例によって、野田千代子への手当の話とか、話が飛んだりする自由奔放な書き方なので、東京鋼鉄製作所がどういう組織で、亨吉がどのていど関わっていたのかはあきらかではない。なぜ亨吉が生涯にわたって会社の債務を背負わなければならなかったのかは、会社組織が明確でないとよくわからないと私は思うのだが、劇作家である青江にとっては会社組織や資本構成などどうでもいいのかもしれない。

青江は東京鋼鉄製作所についての亨吉の日記などを紹介している。その一つの亨吉の大正八年六月二十七日の日記にはこう記されている。

顧問	狩野	１００,００
会計監督	京野	１００,００
工場監督	渡部	１００,００
販売掛長	山本	１００
購買掛長	佐藤（中善）	５０
技術部長	石津	
庶務掛長	佐藤	
職工掛長	渡部	

これについて青江はほとんどコメントしていないので、以下では私の推測を書いてみたい。まず、数字であるが、たぶんこの数字は出資金額ではないかと思われる。それが当たっているとすれば、出資総額は３万１５０円ということになる。これは、あくまでも亨吉のメモであって、会社の定款ではないので、これ以外に出資している人がいるかどうかはわからないが、出資総額が３万１５０円だとすれば、山本の出資割合は０・３％にすぎず、職名も「販売掛長」となっていることから、安倍が「年譜附記」に記した「山本の会社」とは言い難い。では誰が東京鋼鉄製作所の実権を握っていたか、たぶん、「監督」である京野と渡部の二名であろう。このうち京野という人についてはどういう人かわからない。姓から判断するに山形か秋田の人であろう。渡部と

いう人については青江が詳しく書いている。青江によれば、渡部は、東京の人で、四高時代に亨吉に援助を受けた学生で、東大の土木科に入学したが中退、亨吉の紹介によって中学校の数学の教師となる。その後は横手や新発田や川越中学の校長になっている。任地が気に入らないとひんぱんに亨吉に手紙を書き別の任地を紹介してもらっているようだ。亨吉が郷里大館の中学校を紹介したときは、あそこはおくれたところだからいやだと断っている。青江は、そんな非礼があるかと憤慨していて、「もしも亨吉が世間に害を及ぼしたとすれば、この男を教育界に送ったことだとさえいいたくなる。」とまで言い切っている。

青江の憤慨は別にして、渡部の経歴から推し量るに会社経営の手腕があったとは思えない。亨吉の日記には「技術部長　石津」とあるが、ここだけ「掛長」ではなく「部長」になっている。推測だが、石津という人は、石津製作所のオーナーであったか、あるいはその親族であって、敬意を表して「部長」にしたのかもしれない。ただし、出資はしていないようだから実権があったとは思えない。山本自身は病気がちで工場にはあまり顔を出さなかったようで、亨吉は顧問という肩書ながらも山本の仕事を引き受けざるをえなかったようだ。つまり亨吉も、顧問とはいっても、東京鋼鉄製作所のCEOの一人だったのだ。このことは後に亨吉が会社の債務を一手に背負うことになる理由のひとつになる。

その理由にふれるまえに東京鋼鉄製作所の組織についてもう少しコメントしてみよう。

私は東京鋼鉄製作所を「会社」と書いてきたが、先に注釈したように設立されたときは会社組織ではなかった。正確に言えば、「匿名組合東京鋼鉄製作所」である。「匿名組合」とは何か。ひとことで言えば、法人格を有しない組合であり、組合とはいっても個人企業である。「匿名」とあるとおり出資者が誰であるかをあきらかにする必要はない。出資者は企業の経営にはタッチせず、利益が出たら出資割合に応じて配当をもらうだけである。合名会社でもなく合資会社でもなく株式会社でもなく、なぜ匿名組合にしたのか。もちろん、青江はそんなことについてはコメントしていないので、これもまた私の推測であることをおことわりして私見を述べてみたい。

京野についてはわからないのだが、渡部は当時中学校の校長であったから、出資者として名前が出るのはまずかったと思われる。亨吉が渡部に出資を依頼したのか、渡部のほうから参加を申し出たのかわからないが、いずれにしても現職の中学校の校長が営利事業をしていたということがわかるとまずいので匿名組合という形式にせざるをえなかったと思われる。亨吉もまた、金は出すが口を出すつもりはなかっただろうから、匿名組合でも何の問題もなかったのだろう。

つまり亨吉は表に名前のでてこない出資者の一人にすぎなかった。これが合名会社の無限責任社員であれば、文字どおり無限に責任を負わなければならないのだが、匿名組合であれば、出資先が倒産したら、出資した金はあきらめるけどあとは知りませんよ、で済むのだ。にもかかわらず、大正十三年にこの匿名組合が解散するとき亨吉は東京鋼鉄製作所の債務は自分がいっさい引き受けると宣言するのである。匿名組合が解散し東京鋼鉄製作所は会社組織になるのだが、いつ会社組織になったのかはわからない。そして新会社における亨吉のポジションも不明であるが、おそらく「顧問」というかたちで残債の整理にあたろうとしたのだろう。渡部は引いてしまったが、京野は、大正十五年まで東京鋼鉄製作所にいたようだ。京野が会社を去るとき亨吉は、会社の債務は亨吉が一人で負い、京野には迷惑はかけない、という「覚書」を京野とのあいだで交わしている。後年京野と亨吉が保証をしていたと思われる債務の支払いを請求されたとき、京野はその覚書をたてにとって支払いを拒絶したようだ、亨吉に請求してくれと。

負債の整理

亨吉が背負った会社の債務は、青江によれば、十三万円にたっし、「現在の五千万円ぐらいに相当する。」と書いている。この「現在」は昭和四十年代であるから、現在であれば一億円を超えることになる。しかし青江の推定はやや過大評価であろう。大正時代には消費者物価指数はなかったので、企業物価指数で比較するしかないが、それによれば、現在の企業物価指数は大正末期の510倍前後なので、亨吉の債務は現在価値にして約6千6百万円ぐらいと思われる。

数字の正確さは大きな問題ではない、一億であろうと6千万であろうと定職のなかった亨吉にはどうにもならない金額である。これを整理するにあたって亨吉は山口銀行の東京支店に融資をしてもらった。

この山口銀行は明治十二年に大阪の山口財閥が設立したもので、昭和八年に、第三十四銀行、鴻池銀行と合併し三和銀行となる。現存する下関に本店を置く山口銀行とは何の関係もない。大阪の山口銀行には同郷の町田忠治が一時在籍していたので、町田の口ききがあったのだろう。

しかし、いくら町田の口ききがあったとしても、借金がなくなることはない。借金を減らすためには会社が利益をあげるしかないが、どうも、会社組織にしたときに新会社も免責となり、会社の業績に関係なく亨吉が一人で整理することにしたようで、いくら会社が利益をだしても借金は減らないのだ。亨吉はどうしようとしていたのか不明だが、とにかく亨吉一人では解決できなかったから、亨吉に対する山口銀行の貸出債権は不良債権となった。

そうこうしているうちに山口銀行は他行と合併して三和銀行となる。合併のさいには不良債権をできるかぎり整理するのがふつうなので、山口銀行は入山という証券会社に亨吉の借入金を譲渡してしまう。つまり債権者がかわって今度は山口銀行ではなく入山に返済しなければならなくなった。このときに亨吉が入山に出した手紙が『生涯』に載っている。

興味深いものであるから引用する。ただし原文は漢字とカタカナの句点のない候文で読みにくいので私が現代口語に訳してみた。

拝啓　三月一日付けのお知らせ及びこれに先立つ山口銀行代理人中村弁護士の昭和八年十二月八日付け昭和九年二月十九日に発信された通告により、山口銀行の小生に対する債権が貴社に移譲されたことを承知いたしました。小生のこの債務は、小生が無資力の状態にあるにもかかわらず十三万円の負債があることを、昭和七年に山口銀行東京支店の中山支店長が考慮してくれて、定期利子の支払いをせずに余裕のあるときに任意に入金して元金を減らしたほうがいいだろう、ということになりました。ただし、それ以来何もできず引き延ばしてきているものです。今日にいたっても以前の事情に変わりはなく、ますます窮迫しているところであります。なにとぞ、山口銀行と同様、しばらくのあいだご猶予のお取り計らいをお願いいたします。小生の財力が恢復しましたらさっそく弁済いたします。

右の債務にかんしては元来二名の連帯保証人がおりました。小生はできればこれを除去したいと銀行に伝えておりましたが銀行は認めてくれませんでした。今回の債権移譲にあたっては右の希望どおり小生の単独債務に変更していただけるもの思っておりますが、念のため確認いたしたく、この点について御面倒かけますが御一報くださるようお願い申し上げます。　敬具

昭和九年三月十三日

狩野亨吉

入山株式会社御中

青江はこの手紙にかんして「銀行が元金だけでなく利子まで待つこともあるとは、銀行取り引きの経験などまったくない私にはおどろきだが、これは山口銀行の〝大御所〟町田忠治も狩野亨吉も、佐竹家の格の高い家柄であったことから、昔からじっこんで秋田では隣合わせに住んでいたことがあり、そのための格別の措置であったのではないか。」と的外れのコメントをしている。青江は劇作家であって銀行実務につうじているはずはないから、やむをえないのだが、的外れで

ある理由を述べるまえにこの手紙の意味を説明しておこう。

まず第一に、この手紙は債権譲渡に対する亨吉の「承諾」である。債権の譲渡にあたっては譲渡人からの通知または債務者の承諾がなければ債務者、第三者へ対抗できない、とされている。このケースは十二月と二月に譲渡人である山口銀行から通知がなされているようなので、すでに債務者への対抗要件を備えている。つまり入山は亨吉に対して請求できるのである。したがって亨吉が承諾しなくてももう効力はあるのだが、譲受人である入山からも三月に通知がきたのでそれへの返事なのだろう。ほうっておいてもかまわないのだが、律儀に返事しているところに亨吉の人柄がうかがえる。しかもご丁寧に過去の経緯まで説明していて、山口銀行と同様に支払を猶予してくれるよう懇願している。

もうひとつは、保証人の除外の件である。債権譲渡は更改ではないので契約の同一性は保持される。したがって保証人が除外されることはない。もちろん主債務者である亨吉と入山の間で新たな契約を締結することは可能である。亨吉はそのことを確認したかったのだろうと思われる。ここにも亨吉の人柄がにじみでている。

保証人がだれであったのかはわからないが（一名は京野であったと思われる）、銀行はよほどのことがないかぎり、いったんつけられた保証人をはずすということはしない。どうなったのかはわからないが、おそらく入山は保証人をはずすことはしなかったと思われる。

ところで、青江のコメントについてである。

青江のいうように銀行はふつうは利子を猶予することはしない。しかし、この件は青江のいうような、町田の知人であることを忖度した「格別の措置」ではない。少しでも不良債権の額を少なくしようとするために金融機関がよくやることである。

山口銀行と亨吉の原契約がどのようなものであったかわからないが、とにかく決められた条件では支払えなくなった、支払いが滞れば遅延損害金が発生する。話が専門的になって恐縮だが、銀行では弁済金の充当順序というものが定められている。「充当順序」とは銀行員以外の人にとってはなじみのない言葉だが、ようは弁済されたお金をどう割り振るかということである。

具体的な例で説明しよう。

ある企業が銀行から1000万円を借り入れ、毎月50万円ずつ20回で支払うという契約をして返済を進めていったが、残元金が100万円になったところで支払いがストップしてしまったとする。しばらくしてから、その企業から少しだけでも支払いたいという申し出があったとする。その時点でのその企業が支払うべき金額は遅延損害金をくわえて130万円になっていたとする。ところが、その企業が用意できたのは30万円だけであった。これで残元金は70万円になるかというとそうではない。銀行の充当順序では元金よりも遅延損害金、通常利息の順番になるから、この30万円は遅延損害金等に充当されてしまい元金は減らない。つまりまた100万円に対して遅延損害金が発生し続けるのだ。

亨吉のケースも同じである。わずかな金額をいくら支払っても利息にしか充当できない金額であったから元金はまったく減らず利息はたまる一方であったのだろう。そこで山口銀行は充当順序の変更の措置をとったのだ。かりに亨吉からいくばくかの入金があったとしても、おそらく遅延損害金が膨大なものになっているだろうから元金は減らずいっこうに解決しない。銀行としてもできるだけ不良債権の額は減らしたいから、中山という支店長が入金があったら利息ではなく元金に充当することにしたのだ。これは元金優先充当といって、もちろん頻繁に行われるわけではないが、不良債権に対する処置としてはよくとられる方法である。

しかし、この山口銀行の措置にもかかわらず返済はなく、亨吉の借入金は入山に譲渡されてしまう。青江はこの入山を「悪質なパクリ屋で、不当な圧力を亨吉にかけて来た」と書いているが、山口銀行が闇金融に債権譲渡をすることは考えにくく、入山は今でいうファクタリング会社であったのだろう。銀行が、不良債権の処理方法として、債権をファクタリング会社に譲渡するのは珍しいことではない。「不当な圧力」というのは、入山が、利息の減免を認めず、速やかに支払えと提訴したことを指していると思われるが、それは債権者として当然のことである。

この訴訟に対して亨吉の「調停案」が『生涯』に掲げてあるが、長いものであるし、読者も無味乾燥の金融実務の解説に辟易しているだろうから、ここではもう「調停案」についてはコメントしない。

亨吉は弁護士をたて争ったが、安倍能成が作成した「年譜」に「死に至るまでその債務の責任を負って苦労した」とあるとおり、亨吉存命のあいだはこの問題は解決しなかった。

安倍の「年譜附記」には、亨吉の没後、東北大学への第四次納本の納入金二万五千円は「鑛会社の多額の借財償却に向けられ、甥なる弁護士狩野貞吉等の尽力と債主の同情によって、全借財を解決することができた。」とある。青江によれば亨吉の債務は十三万円であって、納入金の二万五千円とはだいぶ開きがある。詳細は不明だが、主たる債務者の死亡により、債権者はもうこれ以上とることはできないと判断して手打ちにしたのかもしれない。

それにしても不思議なのは、なぜ亨吉が一人で責任をとろうとしたのか。繰り返しになるが、亨吉がすべてをかぶる法的責任はなかった、出資金はあきらめるが、あとはよしなに、でとおったはずだ。にもかかわらず一人で責任を負おうとしたのはなぜか。

青江は、それは亨吉の〝儒教的道義〟だけでなく、亨吉が「根本的には資本主義社会というものを認めていなかったという事情がこれにからむ。」として、次のように続ける。

ともかく彼は思考としても、好みとしても、資本主義社会を最高のものとしていなかったことは、これまで機会あるごとに見て来た通りだが、彼自身、このような一身のピンチにぶつかった時、それを資本主義がつくっている経済法規を利用して切り抜けるのでは、反体制的生き方としては筋が通らないと思ったのではないか。

亨吉が資本主義社会を最高のものとしていなかったのは、そのとおりだと思うが、青江がいうほど経済システムを意識していたとは思えない。そもそも亨吉は、経済法規を利用してピンチを切り抜けよう、とは少しも考えていなかったのではないか。入山にあてた手紙や、その後の調停案を見ると、利息の一部免除の求めはあるが、債務そのものから逃れようとする姿勢はまったく見られない。それどころか、一貫して、亨吉の単独債務とするよう要求しているのだ。

亨吉が会社の債務を一人でかぶろうとしたのは、そもそも東京鋼鉄製作所を設立したのは自分だから、という意識が強かったからではないか。問題の根源はこの会社設立にあるのだ。なぜ亨吉は会社経営にかかわろうとしたのか。それは安倍が「年譜附記」に書いているように、自分もひともうけしようと考えたことも少しはあったかもしれない。しかし主たる目的は、やはり山本修三のためであっただろう。山本は亨吉の親戚でもないし、同郷でもない、ただ、一高の同窓生であったにすぎない。にもかかわらず困っていると相談をもちかけられると、相手がだれであろうと、自分の窮状もかえりみず援助を惜しまないのだ。

亨吉のこの奇特な気質は、俗物の私にはどうにも理解できない。

青江は『生涯』で山本修三を「ヤスリ男」と揶揄している。結局は山本が亨吉の身を削り取ってしまったようなものだから、青江の表現は言い得て妙である。山本と出会っていなければ、亨吉は東京鋼鉄製作所にかかわることはなく、その債務を背負うこともなかったかもしれない。それなら『自然真営道』も手放すことなく、焼失をまぬがれたかもしれない。しかし、そんなことを考えてもしょうがない。山本がいなかったとしても、第二第三のヤスリ男が亨吉のまえにあらわれて、亨吉はまた身を削られることを選択したかもしれなかったのだ。

科学的鑑定

東京鋼鉄製作所が苦境に陥っていた大正十二年に、亨吉は小石川区音羽に転居し、「明鑑社」「書画鑑定並に著述業」の看板を掲げる。ただし看板を掲げたのが大正十二年であって、それ以前から鑑定業は行っていたようである。京都大学を辞してからの亨吉の職業は「書画鑑定業」というわけだ。鑑定業としての収支はあきらかではないが、蔵書を売却していたのだから、儲かってはいなかったのだろう。ただし、鑑定業者として、まったく評価されていなかったわけではなく、鈴木正の『思想』によれば、裁判所から遺言書の真偽の鑑定を依頼されたことがあるというから、鑑定業者としては名がとおっていたのだろう。

川原は前掲書『追跡　安藤昌益』で元東京市史編纂掛であった鷹見安二郎氏の回顧談を紹介している。鷹見氏は東京市史の資料について亨吉にいろいろ教えてもらったという。橘逸勢の真筆だといわれるものについて鑑定を依頼されたときは、亨吉は、これは橘逸勢の真筆ではなく朝鮮の英祖の筆だと鑑定したそうだ。

先生はこれは朝鮮系だと見当をつけ、朝鮮に関する史書を入手し得る限り入手しましたが、それに数か月かかったそうです。朝鮮の王様の正式の名前は王号と姓と諱、それに別号が加わるので随分長く、五十字のものも珍しくなく、英祖の正式の名も四十数字になるそうです。先生は、鑑定された書の中にその四十数字がとびとびに出ていたので英祖筆であると鑑定したと言われました。

先生は、自分の本職は鑑定で、これには何らの打算もなく夢中になってしまうと言っておりました。


では、亨吉が本職だと言った鑑定の理論はどのようなものであったろうか。

それは、『遺文集』に収められている「科学的方法に拠る書画の鑑定と登録」（以下「科学的鑑定と登録」と略す。）からうかがい知ることができる。と何の気なしに書いてしまったが、実は私は亨吉の鑑定理論がよく理解できていない。亨吉の鑑定理論は「書画の」鑑定にとどまらず、歴史認識や議員の選挙にまで及ぶのである。やはり『遺文集』に収められている「歴史の概念」も鑑定理論の延長である、いやワンセットといったほうがいいかもしれない。

鑑定と歴史がどう結びつくのか。鈴木は『思想』のなかの「歴史哲学—歴史の概念と方法」というセクションで、亨吉は「科学の微視的記述を歴史の分野にもとりいれ」、「科学的形態の歴史的記述を実現させせようとはかった」として、こう続ける。

そのため、歴史記述のまえに客観的観察の必要を力説し、そして証拠のついた事実を確立するために、歴史に証拠をもたらし、無限にのこる歴史の誤謬を発見するため、どこまでも「歴史の捜索を繰返すこと」が要請される。この方法の基軸こそ彼のいう「鑑定法」にほかならない。

そして同じく『思想』の「鑑定理論—具眼者の論理」というセクションでは、「さて、彼のいう「鑑定」であるが、それを最広義にとれば「歴史の真実を探求する方法」であり、その意味では「あらゆる学問は鑑定である」という命題が成立する。」と書いている。

鈴木の解説を読むとなんとなくわかってきたような気がするが、今度は、亨吉自身の言葉で「鑑定」がどう語られているか見てみよう。『遺文集』の「科学的鑑定と登録」から拾ってみる。まず亨吉は「私が科学的方法に拠ると言ったのも、書画に係わる訳ではなく、鑑定と登録とに係って居るのであります。即ち書画を科学的に考察するというのではなく、書画の鑑定と登録を科学的に成就させようとするのである。」と言う。当然のことであるが「科学のメスを芸術其物の上に加えることは差控える」と言っているのだ。

そしてつぎに「登録」の重要性について語る。亨吉は「昔から鑑定家が鑑定書を作成する場合には、手元に控を取り、鑑定書と控とに割印を施したものである。この控を作って置くことが明に登録の初歩であると云ってよろしい。」と言う。さらに「既に鑑定が済み、依頼者に対し鑑定書を与える場合には、前に述べた如く割印した控を取る。即ち登録するのである。其登録の方法は書画の名目を掲げ、説明批評を加え、地及び表装等に就いては寸法数量を記入するものもある。近来はまた写真をとって保存することを登録の一条項とするのである。」と言う。つまり亨吉のいう「登録」とはデータベースのことなのだ。亨吉以前に美術品のデータベースの作成について言及した人はいなかったのではないか。これは亨吉が科学者であったから指摘できたことである。亨吉の数多い業績のなかで、このことは安藤昌益の発見と並んで特筆されるべきだと私は考えている。しかし、青江も鈴木も鑑定についてはコメントしているが、「登録」についてはは特にコメントしていない。私は「登録」を強調したくて、「科学的方法に拠る書画の鑑定と登録」を略すときに、「科学的鑑定と登録」とあえて「登録」を残したことにご理解をいただきたい。

亨吉は「鑑定は判断である」と言う。そして、ただ判断といっただけでは鑑定と他の判断の区別がつかないので、その違いを書画を例にとって説明している。ここに文晁の書があるとする、これは文晁が在世のときにどこかで書いたものにまちがいないと極めるのが鑑定である、と亨吉は言う。ここまでは私でもわかる。問題はここからだ、亨吉は続ける、「然らば鑑定とは現在目の前にある文晁の書と称するものが、文晁在世の当時書かれたものと主張することになるのである。これは唯一例であるが一般に此種の鑑定は現在の或物と過去の或物と同一であるということ、即ち物の同一性を主張することになるのである。」こうなるともう私には理解できない。前段は理解できるが後段は理解できない。「物の同一性」がわからないのだ。「同一性」というからには対象となる物が複数存在していることが前提となっている、一つしかないものに「同一性」と言ってみたところで何にもならない。たとえば、「ルーブル美術館にあるモナリザは過去にレオナルド・ダ・ビンチが描いたものと同じだ。」と言う必要があるのだろうか、「ルーブル美術館にあるモナリザはまちがいなくレオナルド・ダ・ビンチが描いたものだ。」では不十分なのだろうか。亨吉はさらに続けて、「而して此所に現われた同一性は哲学や数学で主観的にいう所の所謂自明的と称する同一性とは事変わり、決して自明的ではない。之を立つる為には、問題の品物が第一に時間的に連続して来たこと、第二に空間的に安定を保っていたことを証明する必要がある。」と言う。文晃でもモナリザでもいいのだが、その物がここにあるというだけで「時間的に連続してきたこと」「空間的に安定を保っていたこと」の証明になっているのではないだろうか。現存する、ということだけでは不十分だとするなら、「時間的に連続してきたこと」の証明など不可能ではないか、鑑定家は過去にタイムトラベルすることはできないのだから。

ところが亨吉は過去に行けると信じているのだ。

イギリスの物理学者ストーンが光速よりも速い乗物に乗ればタイムトラベルは可能だと唱えたことを紹介し、そのあとでアインシュタインによって光より早い速度をもつものは存在しないと証明されたことを紹介する。亨吉は、アインシュタインに触発されたのだと思うが、宇宙は有限であると仮定する。そうであるならば発せられた光線はどこかで反射するから歴史はどこかで見られることになる、と亨吉は言う。そしてそのような過去を見る機械装置を「過去逆視鏡」と名付ける。この機械装置が将来完成すれば問題は解決すると亨吉は言う。

唯逆視鏡を問題の文晁の書の上に向けて凝視すれば足りる。逆視鏡に掛けると歴史は逆に展開されることは申迄もない。そこで霊魂が肉体に化け、敗戦が必ず盛返されて互角の取組となるなど、とても珍妙不可解な現象があって、到頭文晁が目の前で書を書き初める。盛に筆を揮っているが、書は段々と消え、遂に白紙ばかり残ったと思うと、文晁自身もいつしか姿が失せて仕舞うのである。扨て文晁は失せたが、併し文晁が此書を書いているところを慥に見届けたであるから証拠を握ったと取って差引はない。果たしてこれが完全なる証拠であろうか、否尚お疑う余地がある、更に進んで文晁が替玉で無かった証拠を見附ける必要があるからである。

文晁が書いているところを確かめることができたのに、それが本当の文晁であることを確かめなければならないとは。これでは鑑定など不可能だと言っているに等しい。亨吉は冗談を言っているのだと思う人もいるかもしれないが彼は真面目である。これより十年後に発表された「歴史の概念」においても「凡そ修史の第一義は真を伝えるに在ることは古今東西一致の意見である。」としてから、「歴史的に証拠を発見する方法を考えねばならぬ。此方法を鑑定法と称するであろう。」と書いて、やはり「理想として過去を再現する工夫が成功すれば、其儘完全な鑑定法となるのであるが、将来学者が考附いたとしたら、恐らく機械装置を以て、現在より過去を逆視するものであろうとも想像される。」と言うのだ。そして、ある人間の墓にその機械装置をあてれば、霊魂が現われ、後戻りして焼き場に入り、生まれ変わって家に帰り、若返りしてついには母の胎内に消えゆくのを見ることができると言う。さらにここでも「勿論霊魂が替玉でない証拠も必要である。」と言っているのだ。いったい誰がどんな理由で替玉を使うのだろう。

私が先に亨吉の鑑定理論がよく理解できていないと書いたのはこの「逆視鏡」と「替玉可能性」なのだが、亨吉の言いたかったことは、機械装置などの必要性うんぬんではなく、科学的に鑑定を行うことがいかに難しいものであるか、ということなのだろう。「歴史の概念」の中でも、亨吉は「鑑定法は未だ揺籃期にあるもので一学科を成立していない。」と言っている。

鑑定とは、一般的には、真贋を見極めその市場価値を決定するものと思われているかもしれないが、亨吉にとっては、鑑定は科学の一分野なのだ。したがって、つきつめていけばいくほど課題が出て来るのはしかたがないのかもしれない。

ただし、厳密な科学的鑑定など不可能だよといって手をこまねいていたわけではない。鑑定業者として看板を掲げていた以上、具体的な手法は提示されていたのだ。「科学的鑑定と登録」に戻って、亨吉の手法を確認してみよう。

亨吉はまず書画の鑑定を例にとり「鑑賞の要素となったもの」を列挙する。

(一) 流派
(二) 流行の時代、或いは流派の時代的特性、
(三) 筆者の特性

(四) 書の布置結構
(五) 全面に置ける位置等
次いで「鑑賞に洩るるところ」を列挙する。
(六) 落款、識語
(七) 印章
(八) 用筆
(九) 墨、絵具、印肉
(十) 地、即ち紙
(十一) 時の経過にしたがって生ずる変化、即ち汚染、皺、折目、裂目、擦減、蠹害(庄司注・「とがい」と読むのか? 蠹とは紙などを蝕む虫のこと) 等
(十二) 表装
(十三) 箱
(十四) 鑑定書、箱書
(十五) 伝来

ふつうの鑑定なら(一)から(七)あたりで終わりそうだが、虫食いなども考慮するのは亨吉らしい。そして「必要が生じた場合には更に進んで試験管を手にし顕微鏡を覗く如き純粋なる科学的方法に訴えるのである。」と言っている。今でこそ赤外線カメラなどを用いた分析は珍しく

なくなっているが、この当時の日本でこのようなことを言えたのは亨吉だけであっただろう。

亨吉は、京都大学では倫理学を教えたが、本質的には科学者なのだ。京都大学を辞してからは「書画鑑定並に著述業」と看板を掲げ、それで生計を立てていたように見えるが、その生計の手段についても科学的追求を怠ることはなかった。亨吉の勉強は「勉強のための勉強」であったと先に書いたが、彼はずっと勉強し続けた生涯を送ったといってもさしつかえないだろう。

ということでこの第一章を終えるべきかもしれないが、どうしてもふれておくべきと思われることがあるので、それをもってこの章を終えることとしたい。

亨吉の性

私はこの章を青江舜二郎の『狩野亨吉の生涯』に基づいて書いている。

これは昭和四九年に明治書院から発行されたものであるが、私が入手できたのは昭和六二年に発行された中公文庫版であった。この中公文庫を読み終えて私はあることに気がついた。『生涯』で青江は「野田千代子」という名前を出し、この女性についてはあとでふれると書いているのだが、まったくふれられていないのだ。これは文庫にするさいに落丁があったのではないかと疑ったのだがそうではなかった。よく見ると、最後のページに小さく「中公文庫編入に際し「付」五編のうち、「亨吉と性」の一編を著作権者の諒解をえて割愛しました」と記されているのだ。

この中公文庫版が出たのは昭和六二年であるが、青江は昭和五八年に死去しているので、右にいう「著作権者」はおそらく青江の遺族であろう。割愛された理由はあきらかではないが、文庫版でそれを読めないというのは残念なことである。というのは、オリジナルの『生涯』は現在ではなかなか入手できなくなっているからだ。発行当時でもそうではなかったのかと思われる。

昭和四九年に発行されたときの価格は八千円であった。現在でも購入するのに逡巡してしまう金額であるから当時ではなおさらであっただろう。何部発刊されたのかわからないがそう多い数ではなかっただろう。

幸いなことに私はオリジナルを仙台市の図書館で見つけることができた。なぜか貸出禁止になっていて館内で見ざるをえなかったのだが、「亨吉と性」の部分のコピーをとることができた。そのコピーをじっくり読んでみると、たしかにどうでもいい記述が多いような気はするが、割愛するほどのことでもないと思われる。だいたい、この青江の『生涯』は亨吉の生涯にほとんど関係のない記述があちこちにあり、それがこの本のひとつの味でもあるのだから、それを割愛していたら、この本はまったく別の本になってしまうだろう。文庫版は800ページを超えるかなりのボリュームになっているので、そのあたりも考慮されて割愛されたのかもしれない。しかしボリュームのことであれば上下二冊にすることもできるのだから量の問題ではなかったのだろう。では文庫にするときになぜこの「亨吉と性」が割愛されたのだろうか。推測であるが、中央公論社は公序良俗を意識したのかもしれない。明治書院のオリジナルについては特に問題とされたわけではなかったろうから、そのまま掲載しても問題にならないと思われるが、文庫本になれば発行部数が多くなる、より多くの人の目にふれることとなり、非難する人も出てくるかもしれない、そう考えたのかもしれない。しかし、青江が紹介している亨吉の日記そのものには露骨な性描写はない。問題があるとすれば、日記に添付されている亨吉の「ポルノのデータ」などについての青江の解説のほうだろう。青江は、ほかの言い方があるだろうといいたくなるほど、品のない俗語を駆使して解説するのだ。それが由緒ある出版社の方針とあわなかったという可能性はある。しかしテーマがテーマだけに品格を落とさない表現で貫き通すということも難しかっただろうし、青江にも、ことさらそのようなことを強調する意図はなかったと思う。

もう一つ考えられることは、歴史に名を残した人物について、その業績に関係のない個人的生活の細部までをゴシップ雑誌の覗き見的記事のように書いていること、そしてそのことによって狩野亨吉という人物を貶めている、と批判されることを恐れた、ということだ。

もう亨吉の教え子は存命していないだろうが、教え子や崇拝者でなくても、そのようなことに不快感を示す人はいるだろう。

しかし青江に亨吉を貶めようとする意図がなかったことはあきらかだし、青江の紹介していることなら成人男子一般によく見られるものであって異常性欲とは言えない。やや度を超していると思う人もいるかもしれないが、亨吉はそのことによって誰かに迷惑をかけたわけではないのだ。有名な大学の先生が痴漢行為をしたことがあったが、亨吉はそのような事件を起こしたことはない。春画や艶本のコレクションの量が膨大であることは世間に知られて警察の調べをうけたことはあったようだが、それで摘発されたとか事件になったということはない。私には「亨吉と性」を割愛する必要はなかったと思える。
詮索はこの程度にしておいて青江の「亨吉と性」について話を進めよう。前掲書『狩野亨吉遺文集』の「年譜附記」で安倍はこう書いている。

先生が終生独身生活を遂げられたのは、周知の事実であって、その為に先生を崇敬する者もあるが、この故を以て先生を性欲を超越した枯木寒厳の如き人物と思うのは、甚しい誤解である。先生は人一倍人間の性欲現象に関心を持ち、先生の倫理学に於いて人間の性欲的エネルギーは重大な位置を占めて居ると聞いている。ただ恐らく先生は性欲的交渉を生きた異性と重ねる煩累を嫌われたものと想像される。しかしこれはあくまでも私の想像である。

この安倍の見解に対し青江は「釈然としない」と疑問を投げかけている。亨吉が独身であったのはそのとおりなのだが、「性欲的交渉を生きた異性と重ね」たことはあったと思うと青江は書いている。対象であった異性とはさきにあげた野田千代子である。青江によれば、野田千代子とは、亨吉があらゆる面で援助していた古物商野田幾一郎の娘で、亨吉が大正八年にスペイン風邪に罹ったときに手伝いで亨吉の家に寝泊まりするようになったという。その後、千代子に「ひまを出して」からも二人はお互いの家にひんぱんに行き来していることが日記からわかる。もちろん日記には千代子と性交渉があったと書かれているわけではないが、日記には、千代子はC，亨吉はKなどの略語によるお互いの行き来を記録した表がある。

青江はこの表が亨吉と千代子が密接な関係にあった証拠だとしているようだ。

ひとによっては、この表は二人が〝人目を忍んであった〟という証拠にはなる。しかし、実際にねたかどうかというきめてにならない、とお考えになるかたもおられるだろう。たしかにそうだ。しかし私にはどうしてもねたとしか思われない。千代子はとても明るく邪気のない下町娘であったから。

最後のセンテンスが青江の判断根拠なのだが、「明るく邪気のない下町娘」だとどうして関係することになるのか私にはよくわからない。そのようなタイプが亨吉の好みであったということなのか、それとも、いわゆる「後腐れ」がないからということなのか。それに千代子が「明るく邪気のない下町娘」であることを青江はどうして知ったのだろうか。もうひとつ、青江はいわゆる「手当」について言及している。「千代子にひまを出す時の手当が二十五円と多すぎるのも、〝亨吉が手をつけた〟という前提が彼女にあったからのようだ（当時は二十円あれば一家の生計がなり立っていた）。」と書いているのだ。ここにでてくる「彼女」とは亨吉の姉の久子のことである。

青江によれば、三月十日に千代子を家に帰したのは、「あきらかに姉の怒りと意見に亨吉が屈服したからである。」とされている。つまり、久子が千代子に「手切れ金」を渡したようにも読める。ただし、青江は、三月十日の時点では「亨吉の間にまだ何も起こらなかった」と書いているし、青江が引用している亨吉の日記には「姉ヨリ手当十五円」と記されており金額が異なっている。

ここだけでなく『生涯』には解釈が難しい箇所がいくつかあるが、それはさておいて、亨吉と千代子が特別の関係にあったことは青江の指摘のとおりだと思う。日記とともにある千代子との行き来を記録した表がそのことを示していると思う。特別な関係になければ、このような詳細な表をつくる必要はなかっただろう。たとえば表のなかに「m」と記されている日が何日かある。「m」の意味は、亨吉自身が表の脚注で説明している、C' menses であると。よほどの仲でなければメンスの日など訊き出せるものではない。

ところで、その表には「p」という略語もある。これは亨吉の脚注では K' por. となっている。つまり「ポルノ」の略なのだが、青江によれば、亨吉のポルノとは春画や艶本ではなく、性器を描くことを指しているという。さらに青江は「大正中期の日用語にはポルノやポルノグラフィはなく、にもかかわらず、亨吉の日記にしきりに出てくるのだから、この亨吉こそわが国においてこの言葉を日常化した最初のひとといっていいだろう。」と書いている。青江の指摘は鋭い。現在では、ありふれた言葉になっているので、青江が指摘しなければ気に留めないところだが、たしかに当時ポルノという言葉を使う人はいなかっただろう。いつごろから定着するようになったのかは私はよくわからないが、私がはじめてポルノという言葉を知ったのは、いまから約五十年前、高校生のときだ。もう記憶が定かではなく自信がないのだが、たしか小田実がどこかに書いていたように思う。小田実の本は『何でも見てやろう』と『世直しの倫理と論理』しか読んだ記憶がないので、そのどちらかだったと思うのだが、あるいは雑誌記事であったかもしれない。たしか小田は「ポルノ」ではなく「ポーノ」と表記していたように思う。

ポルノグラフィーという言葉がオックスフォード英和辞典に載ったのは一八五七年といわれるので比較的新しい言葉である。亨吉が千代子との行き来を記録した当時は新語といってもよかったのではないか。そのような言葉を亨吉はいったいどこから仕入れたのであろうか。

とにかく、「性欲的交渉を生きた異性と重ねる」面倒さを嫌ったから独身を貫いたとする安倍の見解はあたっていないといえるだろう。ではなぜ亨吉は生涯独身であったか。青江は理由を二つあげている。一つは、当時のインテリの間に独身主義が流行していたこと、もう一つは、亨吉が自分自身の容貌にコンプレックスをいだいていたこと、というのだが私は青江の見解を支持することはできない。残された写真を見ると美男子とはいえないかもしれないが、醜いとはいえない。それに亨吉は容貌を気にかけるタイプではなかったと思われる。

「独身主義の流行」にしても、亨吉は、流行に左右される人物ではなかったと思われるし、だいたい「独身主義」は亨吉の思想には反するものであった。このことについてはあとでふれる。

亨吉が独身を貫いた理由に、母の死後ずっと亨吉の面倒を見た姉久子への思慕、あるいは遠慮があったという説もあるようだ。たしかにそのこともあると思うが、そして先に書いたように熊本時代に漱石の結婚生活を見ていたということもあると思うが、私には経済的理由がもっとも大きかったのではないかと思える。川原は前掲書『追跡 安藤昌益』に、亨吉と親交のあった古物商榎戸栄三郎の未亡人じょうの談話を載せている。

狩野先生はどんな雪の寒い日でも、外套を着てくることはありません。家にくると、座布団にも座らずに板の間で、主人と話しこんでおりました。お茶を差し上げても、それを飲むまえに口に含んでガラと漱ぐんです。先生は一生独身ですごされましたが、いつでしたか、私がなぜ奥さんをもらわないんですかときくと、食べさせられないからね、とまじめな顔でおっしゃいました。

これは本音であったと思う。

亨吉は秋田の生まれで寒さには強かったであろうから東京の冬など外套なしで過ごせたのかもしれない。しかし実際は外套をそろえる余裕がなかった、あったとしても衣服よりも書籍のほうを選んだのだと思う。そして女房よりもやはり書籍を選んだのだ。江戸っ子は、女房を質に入れても初鰹を食したかったようだが、亨吉の場合は初鰹が書籍だったとも言えるのではないか。

ところで先に、独身主義は亨吉の思想に反する、と書いた。このことについてコメントしておこう。青江は、この「亨吉と性」の最後を、大正五年の日記にある亨吉と山本修三の「性問答」

で締めくくっている。それを紹介するが、原文は漢字とカタカナの漢文読み下し調になっていて、わかりにくいので現代口語文で意訳してみた。

山本は言う、「父と子のあいだの話ですが、父の子に対する教えというのはありませんが、子の父に対する教えというのはあります。これはどうしてでしょうか。私が思うには、慈愛は自然に生じるものですが、孝敬は自然なものではありません。それに孝敬は教えられるものですから時には守られないこともあります。慈愛は自然に生じるものですから廃退することはありません。」

私はこう答えた、「慈愛も敬愛も同じなのだが、親子が一緒に生活しているからということが大きいんだね。それは結局のところ利害心をともなう。だから自然なものだということはできないんだ。例えば、長年会っていない親と子が道端で会ったとする、お互いに親子と気づいていない、この両者に慈愛が起こるか、決して起こらないね。このことからわかるように、両者の愛は、父は子、子は父を認知することで生じるんだ。お互いを認知することによってお互いの利害を考えざるをえない。だからこそ愛着の念が増すんだ。つまり孝慈の道は人為的なものであるところが大きい。

これに反して男女の道は、一定の年になればほとんど相手が誰であろうと行うことができる。だからこれはまったく自然に基づくといっていい。」

亨吉はあきらかに「男女の道」、性愛を肯定している。思想としての「独身主義」は不自然なものと考えていたと思う。だから経済的事情が許せば独身を貫くことはなかったと思われる。

慈愛の道は人為的で男女の道は自然的なものとする考え方は、亨吉が発見した安藤昌益の思想の影響があるのかもしれない。仏教では性愛は肯定されないが、昌益は仏教の教義を自然に反するものだとしてことごとく批判し、男女の道、性愛は自然なものであるとして肯定した。

しかし、亨吉は昌益を読むことによって性に目覚めたわけではない。それ以前に若いころから、亨吉は性にかんする「研究」と「実践」をしていた。そのことについては、ひょっとしたらうしろめたい気持ちがあったかもしれない。それが昌益を読むことによって緩和されたことは考えられる。

では、その昌益の思想とはどのようなものであったか、次章でそれを概観してみよう。

第二章　安藤昌益の思想

思想を否定する思想

直耕

再び司馬遼太郎の『街道をゆく』から引用したい。司馬は『街道をゆく』シリーズの３「陸奥のみち」で「安藤昌益のこと」というセクションをもうけ、「日本は独自の思想家を生まなかったといわれてきたが、しかし明治三十二年、狩野亨吉が安藤昌益の著書を発見したことによってくつがえされた。さらに昭和二十五年にハーバート・ノーマンの『忘れられた思想家』によって昌益の名はわれわれに親しいものとなった。」と書いている。さりげなく書いているが、安藤昌益のことはこれにつきると言ってもいいほど凝縮された文である。

まず、「日本は独自の思想家を生まなかったといわれてきた」とあるが、たしかに明治以降は別として、江戸時代以前には日本独自の思想家はいなかったのかもしれない。司馬が高く評価する山片蟠桃や富永仲基はこれまでの学説を真っ向から否定するという点では昌益と類似しているかもしれない。しかし、富永仲基の功績は仏教思想の研究であり、仏教解釈は日本独自の学問とはいえない。山片蟠桃のバックグラウンドは朱子学と麻田剛立の天文学である。彼らは既存の思想に批判的ではあったが、彼らの背景には外国で発展した確固とした思想があり、それを批判的に継承したといっていい。しかし昌益にはそのような背景はない。彼が陰陽五行説と格闘した痕跡は認められ、それが彼の思想の出発点になっているように見えるが、彼の思想の中核は陰陽五行説とは別のものである。彼は既存の思想を研究はしたが、それらを批判的に発展させようとする意図はない、ありとあらゆる思想を排除するのだ。その意味で独創的なのだ、そのような思想家は日本にはいなかった。

そしてそのことはハーバート・ノーマンによってお墨付きを与えられる。ノーマンは前掲書『忘れられた思想家』の下巻で、「日本の遠い片隅に生まれ生い立った名もない一医師が日本ばかりでなく近代以前の東洋の哲学的風土とこれほど性格を異にする思想体系を展開しようとは、まさしく学問上珍しいことであり」と書いている。

では、その独自の思想とはどういうものか。司馬遼太郎は昌益の思想を簡潔明瞭にこうまとめる。再び『街道をゆく』の「陸奥のみち」から。

昌益は「直耕」という述語を発明してそれを彼の教義の中心においた。みずから農具をとって耕すという直接耕作者とその行為以外はみとめない。昌益のいう大悪大罪とはその直耕者に寄生する行為や階級のことである。耕さないで聖人の教えを売っている儒者は罪人である。儒者どころか、聖人は泥棒のはじまりで諸悪のモトだという。老子もそういう意味で国賊である。

釈迦はどうかといえば、かれは直耕者に慈悲をすすめ、慈悲をすすめる僧という徒食の集団をつくった。そのため慈悲は罪悪と乱世のもとになった、という。

司馬が昌益の教義の中心だといっている「直耕」とはどういうものか。昌益は独自のターミノロジーを駆使する。これまでにない術語をつくるし、既存の術語を用いる場合も読み方をかえたり、別の漢字をあてたりするのだ。それに対する昌益の解説はないから、わかりにくいことはなはだしい。井上ひさしは平成四年に八戸市で開催された「昌益国際フェスティバル・八戸」のパネルディスカッションでこう発言している。

　大天才というのはまず言葉で仕事をしていきます。今自分たちが持ってる言葉では新しいことが言えないものですから、今までない言葉を自分でつくる。道元もそうですし、昌益もそうだったと思います。（略）　こういう大天才というのは、まず変わった言葉、不思議な言葉を持って現れるのです。ですから安藤昌益は大変な天才に違いないと思います。（『安藤昌益と現代』安藤昌益資料館双書）

「直耕」という述語については野口武彦が『日本の名著19　安藤昌益』の補注で「狭い意味では、字義どおりに人間が直接に耕作をする行為をさす。」と解説している。

昌益の他の術語に比べて「直耕」はわかりやすい。直接耕すことだということは前後関係から容易に判断できる。井上ひさしの言うような「変わった言葉、不思議な言葉」には当てはまらないような気がする、この二字だけを見るならば。

しかし、やはり昌益は天才なのだ。直接耕す、つまり田畑で五穀を育てることがすべての基本なのだと昌益は語る。それは人間の生活の基本であるだけでなく、宇宙の法則なのだと言う。耕すことが自然の法則だと言った人はいまだかつていない。昌益は『自然真営道』の「真道哲論巻」で、こう語っている。（以下、『自然真営道』と『統道真伝』からの引用は『日本の名著19　安藤昌益』中央公論社　による）

天は海の外にあり、海は天の内にある。外なる天の内に海が備わり、天の性は海、海の性は天であって、天と海とは互性八気の通・横・逆、日と月は互性、惑星と恒星は互性、運回して一息も止まることなく、万物を生成して尽きることがない。**これが活真宇宙の直耕なのである。**

（ゴチックは庄司）

ここでは「直耕」は宇宙の自然法則である、とされている。たんに耕作という意味にとどまらない広い概念である。地動説やケプラーの法則を思わせる表現があるが、これらが日本に紹介されたのは一七七〇年以降であり、昌益が地動説やケプラーの法則を知っていたとは考えにくい。

志筑忠雄や麻田剛立の近代的な天文学と昌益の宇宙観はまったく別物であったろう。なお、先にふれたように、志筑忠雄を発見したのも狩野亨吉である。『狩野亨吉遺文集』は「志筑忠雄の星気説」で始まっている。直耕について、昌益はさらにこう続ける。

これは小宇宙としては男女（ひと）である。だから、外なる男の内に女が備わり、内なる女の内に男が備わり、男の性は女、女の性は男であって、男と女は互性、心と知は互性、念と覚は互性、八情が通・横・逆に運回し、穀物を耕作し、麻を織り、生々して絶えることがない。**これが活真の男女の直耕である**（ゴチックは庄司）

昌益にあっては「男女」と書いて「ひと」と読ませる。というよりは「人間」を「男女」と表記しているといったほうがいいかもしれない。

自然界にあっても人間界にあっても直耕が基本なのである。基本的なものを直耕とよんでいるのだ。

八戸の安藤昌益資料館の館長である三浦忠司は『八戸と安藤昌益』でこう書いている。

昌益にあっては、人は自然と一体となって、耕しては織り、織っては耕すという「直耕」の労働こそが「自然の世」の自然な人のあり方でした。

人が直耕するのはわかる。宇宙が直耕するわけはないから、宇宙の直耕というのは自然の法則のことだと私は先に書いた。しかし、三浦は「人は自然と一体となって」と書いている。たしかに昌益の書きぶりは人の直耕と自然の直耕を別物とはしていない。安永寿延は『安藤昌益』（平凡社選書　一九七六年）で「昌益の直耕という概念が、広い意味で自然の運動のシンボリックな表現であることはたしかだ。といって、この自然の人間化は、彼にとってはかならずしも擬人化ではない。そもそも日本の農民の伝統的な民族的信仰のなかには、自然は労働するという確たる観念があった。」と書いた。そして「日本の農業生産のもとでは、長い間、植物の成育は、なによりも自然の営みにほかならなかった。」として、農民は植物の成育に欠かせない日照、降雨などの自然条件の相互作用が主役であると考え、それをつかさどる神を自然のなかに感じていたとする。「昌益はこのような伝統的思考を確実にふまえていた。彼にとって、自然が労働するという観念はけっして特異な考え方でもなければ、突飛な論理でもなかった。」

安永のいうように昌益は農民の労働も自然の労働も同じものだと考えているのだ。

ここが決定的に重要なところである。

昌益の思想は「徹底した農本主義」といわれることがあるが、それは正確ではない。

「農本主義」は文字どおり「農業は国の基本」とする考え方で、農業は社会体制の維持のための基幹産業であると位置づけられている。近世日本にあっては農本主義は幕藩体制の維持のための思想であった。昌益が農業を重視していたことには疑いがないが、農業によって幕藩体制の維持に貢献するという考えはまったくなかった、ただの一かけらもなかった。

昌益の直耕は社会経済思想ではなくもっと根源的なものである。昌益は「これが活真の男女の直耕である。」と言ったあとにこう続ける。

天と海とは一体であって、上もなければ下もない。すべて互性であって両者の間に差別はない。だから、男女にして一人なのであり、上もなければ下もない。すべて互性であって、両者の間に差別はない。世界あまねく直耕の一行一情である。これが自然活真の人の世であって、盗み・乱れ・迷いといった名目のない真のままの平安の世なのである。

昌益は、自然の循環法則である直耕に徹することが自然の姿だという。したがって、自ら労働をすることのない中国の聖人は「天道・人道の直耕を盗んでむさぼり食い、私法を立てて税斂を責め取り、宮殿・楼閣をかまえ、美味・珍味を食い、綾羅・錦繍を身にまとい、美形の官女を集めて遊楽し、無益の奢侈・栄華にふけること言語に絶」すると激しく非難される。「さらに聖人は金銀を通用させはじめ、金銀を多く持つ者を上貴とし、金銀が少ししかない者を下賤として、すべてに善悪二つのうちのどちらかという差別をもうけた。」として商品経済の発達に異をとなえる。商品経済の進展が天下の乱れの原因だというのだ。自ら耕すことなく不労所得を得る者が現われると、それを羨むものが出てきて争いが起きる。「天真の天下を盗んだり盗まれたりして、欲に欲を重ね、盗に盗を重ね、乱に乱を重ねて止まることがない。」

欲の迷いを促したのが釈迦だと昌益はいう。彼は仏教も認めない、僧侶らは直耕をしないからだ。『統道真伝』で「釈迦は、自分では耕さずに食い、人々から布施をむさぼっているのであって、このことは弁才をもって人々をたぶらかす罪過のはなはだしいものである。」（糺仏失巻）と糾弾される。聖徳太子も日本に仏教を導入したので罪は重いとされる。「自然直耕の天真の道を盗んで、耕さずに庶民の直耕を貪食する者は大罪人である。」というフレーズは『自然真営道』にも『統道真伝』にも何度も何度も繰り返して出てくる。

昌益の生きた時代の幕藩体制の頂点に立つものは武士であるが、武士もまた「耕さずに庶民の直耕を貪食する」階級であるから、やはり厳しく非難される。

ようするに昌益は直耕する農民以外はみな認めないのだから、ほとんどの思想は、古代の神道を除いては、攻撃されこそすれ認められることはない。ありとあらゆる思想を、昌益は、口汚く罵るといってもいいほど激しく非難するのだが、もちろん、ただ非難しているだけではない。昌益独自の宇宙観、自然観についても語っている。

次に昌益の思想のもう一つの基本的概念を検討してみよう。

互性

それは「互性」という概念である。「直耕」は字面からなんとなくわかるが、これは字面からは理解しにくい。「互生」なら、葉が茎や枝の節ごとにたがいちがいについていることだが、「互性」とは何か。幸いなことに昌益は『自然真営道』の「大序」の冒頭で、この用語の意味を説明している。

自然とは何か。互性・妙道の呼び名である。互性とは何か。答えて曰く、始めも終りもない一つの土活真が自行して、小にあるいは大に進退することである。……たとえば、木は物事の始めをつかさどる性であるが、同時にその内部に終わりをつかさどる水の性を含んでいる。水は物事の終りをつかさどるが、内部に始めをつかさどる木の性を含んでいる。だから、木は単純に始めであるだけでなく、水は単純に終りであるだけではない。二つの性は相互に補完しあっていて、始めも終りもないのである。……それがすなわち妙道と呼ばれるものである。妙とは互性のことである。道とはその互性のはたらき（感）である土活真の自行がそれであって、だれも教えずだれからも習わず、増すことも減ずることもなく、自り然るのである。だからこれを自然と呼ぶのである。

これだけではわかりにくいかもしれないので昌益研究者の解説を見てみよう。野口は前掲書『日本の名著』の補注で、「「互性」とは相反し、相補いあう性質のものが和合して一つの完全な状態をつくり出す作用である」と説明している。三浦は前掲書『八戸と安藤昌益』で「二つの性は相互に補い合って、始めも終りもなく、永遠に運動を続ける。このあい異なるものが、相互に本質的なものを内在しながら依存している関係を昌益は「互性」と呼びましたが、自然と人間は一体として相互に依存し合う「互性」の関係であると説いています。」と説明している。

ノーマンは『忘れられた思想家』で、互性を relativity 相対性、と訳し、これは「時に reciprocity 交互作用の意味をもっている。」と書いている。ある用語の概念が理解しにくいときに別の言語ではどのように表されているかを調べてみることによって理解を助けられることがしばしばある。『統道真伝』(岩波文庫　一九六六年)の「はじめに」に訳注者の奈良本辰也は、「『統道真伝』を世に発表するための研究会が持たれた。集った顔ぶれは、故E・H・ノーマン、故服部之房、故三枝博音、丸山真男、それに私の五人であった。」と記している。碩学ノーマンの力量については疑うべくもないが、さらに当時の日本のトップクラスの学者たちと議論を重ねているのだから、ノーマンの英訳が正確でないはずがない。しかし、それがさらに日本語になるときには誤解されることがないわけではない。『忘れられた思想家』の訳者である大窪愿二は relativity について、次のような訳注を記している。

「互性」は英語では relativity or reciprocity と訳されているが、著者によれば、この場合のrelativityは必ずしも厳密に絶対性に対しての相対性の概念を指すのでなくcorrelationまたはmutual relationくらいの意味である。ほかに訳しようがないのでこれを仮に相対性と訳しておいた。以下相対性という訳語はすべてこの意味でのrelativityを現わしている。

relativityは「相対性」とか訳しようがない。しかし、私たちが「相対的」というとき、まず考えるのは「絶対的」に対立する概念ではなかろうか。でも昌益のいう「互性」を「絶対的でないもの」ととらえてしまうのは、おそらくずれている。大窪もそのことが気になってノーマンに問い合わせたのだろう。その結果上記のような回答をえたのだろうと思われる。ネイティヴであればrelativityが、correlation相互関係、相関性、mutual relation相互関連を含む概念であることは説明するまでもないのだろうが、翻訳にはこういう問題がつきまとう。

それはさておき、三浦とノーマンの説明で共通していることは、「相互依存」である。しかし安永は前掲書『安藤昌益』で、男女の関係についてふれ、「相互依存」に否定的な見解を述べる。

男女こそは進退一気の論理のもっとも具体的、もっとも代表的な体現者であり、性を互いにする互性の論理の具現者である。しかも、男と女は互いに相手を自己の性として内在せしめ、自己の存在の本質的契機としているからこそ、一体になりうるだけでなく、むしろ他者に依存することのない、自立した存在たりうる。**互性とは相互依存の論理ではなく、相対的な関係の**

なかでの相互自立の論理なのである。（ゴチックは庄司）

安永は、互性は相互依存ではないとして、「相互自立」という難しい概念を提唱している。ここでは、安永は男女の関係を前提にして「相互自立」と言っているのだが、たしかに、人と人のあいだではそう言えるかもしれない。しかし、昌益は男女だけが互性ではなく、すべてが互性だとしているのだから、あえて自立か依存かと分けて考えなくてもいいのではないだろうか。

自立か依存かというよりも、野口の説明のように、「相補いあう性質のものが和合して一つの完全な状態をつくりだす作用」と考えたほうがいいと思われる。

このように多様な解釈が提示されるほど「互性」は難しい概念なのだが、安永は、この概念は昌益の独創ではないとしている。安永は、朱子の「陰は陽を以て質となし、陽は陰を以て質となす。」という一節をあげ、易経にも同様の一節があるとしている。ノーマンもやはり、「相対性の概念は、ことに因習的独断を打破する武器としては、昌益の独創ではなかった。」とし、荘子の影響を指摘する。そして「善悪の相対性を説くために、荘子は佝僂（くる、背中が曲がっていること：庄司）の男がその不具を転じて利益とした話を語っている。不具であったばっかりに労役にかり出されなかったばかりか同情ある為政者から特別の施し物を貰ったというのである。」と続けるのだが、この話は、「善悪の相対性」を説いているのだろうか。日本語で「善悪」というときは道徳的価値判断が含まれているはずだが、不具であることは道徳とはまったく関係がない。

ノーマンの原文にあたっていないので何ともいえないのだが、仮に「善悪の相対性」ではなく「幸と不幸の相対性」なら少しはわかるような気もするが、それでもこの荘子の話は、淮南子の「人間万事塞翁が馬」に近いような気がする。幸も不幸も同じだととれば「互性」に近いような感じはあるが、「互性」には相互に働きかける運動がある。それが荘子のこの話にはなく、ノーマンが昌益の独創ではないことの根拠にしたのは適切ではなかったような気がする。

しかし、昌益の「互性」についての書き振りをみれば、安永が指摘したように朱子の影響をうけていることはあきらかである。特に陰陽五行説の影響は大きい。しかし、昌益の思想は中国思想の批判的継承ではなく他に見られない独特の思想なのだ。それは「法世」（昌益のいう「自然」とは別の人為的世界）のすべてを否定してしまうということだ。

安永は、『安藤昌益』で、やはりユニークな思想家であった三浦梅園の「反観合一」という概念を紹介する。それは「すべてを相反する矛盾関係としてとらえながら、それを一体として見るという点で」昌益の「互性」と類似しているが、梅園には「性を互いにするという視点がない。」としてこう続ける。

昌益の互性は、相対立する項がまさに性を互いにすることによって徹底的に相対化され、没価値化されるために、価値的な定位の観念を克服することが可能となる。そこに、この概念が、身分的、階級的に秩序づけられた一切の世界を根底から否定する、もっとも原理的な根拠となりうる理由がある。

自分で引用しておいてこういうことを言うのは気がひけるが、実は、私は、この一節を十分理解できていない。性を互いにすると、どうして価値的な定位の観念を克服できるのかがよくわからないのだ。そもそも「価値的な定位の観念」の意味がわかっていない。

わかったことは、昌益の思想の基本的概念である、直耕と互性がともに「身分的、階級的に秩序づけられた一切の世界を根底から否定する」根拠になっているということだ。

昌益は法世のほとんどのものを否定したのだが、具体的に何をどのように否定したのか、次にそれを見てみよう。

老子、儒学

昌益は、日本が「このとおりの迷妄の世となったのは、ひとえにシナの聖人が利己の私制・私法を作り立てたことから起こったのである。」として『自然真営道』の「私法儒書巻」で老子、孔子、孟子らの思想について詳しく解説する。それはまるで中国思想の研究書であるかのような観を呈している。そのうえで彼らの思想を激しい言葉で徹底的に非難するのだ。

まずは老子から。『老子』の第六章に「谷神死セズ」という言葉がある。昌益は、ここから老子が山に入って死なずに仙人となったと言われるようになり、「そこから世に仙人という者が山にいると考えられることになったのである。」仙人は「つねに気を食って死ぬことがなく、望みにまかせぬことはなく、通力をなさぬものはないといわれる。」と語る。しかし、仙人とか仏教でいう羅漢は「虚偽の言説」だとしてこう言う。「仙人とか羅漢とかいうのは、肉身をそなえた存在のことではなく、心の神通・感応の寓言であって、貪食するやからが世をたぶらかすために言い出した根も葉もない俗説である。」

とにかく『老子』に書いてあることは、たとえば、万物の根源は水である、としたことなどをはじめことごとく否定される、あれも誤り、これも誤り、と。誤りとする根拠のなかで、私は、「名無きは天地の始め」と「器は中に何もないのでその用がある」に対する批判に注目する。

「名無きは天地の始め」と言うが、「これもまた老子が自然を知らぬ誤りである。なぜかといえば、天地は自然進退の無始無終であって、始めとか終りとかのあるものではない。」と昌益は批判する。

「器は中に何もないのでその用があり……有の利は無なる所にある」と言って老子は「無」を貴んでいる、と昌益は語る。そして仏教もまた無を「至極の見識」としているがそれは誤りだという。なぜなら「無がなかったら有というものはなく、有がなかったら無というものもない。」からである。昌益は、有と無で一気であるとし、無は死、有は生であり、無は有、死は生であるという。そして、「このことをわきまえ知らずに、老子・釈迦は、無のみをもって至極の見識とする。また有をもって迷妄・惑失・悪趣・地獄などとして、除きさることのできない有を捨てさせようとするのは、迷妄の偏見であって誤りのはなはだしいものである。」と批判する。

これらの批判の根拠となっているもの、天地には始めも終りもない、有と無は一体である、という考え方は、まさしく「互性」にほかならない。私は先に、互性という概念が一切の世界を根底から否定する根拠となりうる、とする安永の説が十分理解できないと書いたが、このように昌益の批判を読んでいくと安永の説が理解できてくるような気がする。

昌益は「老子が自然を知っているのなら、天下にだれが自然を知らぬものがいるだろうか」とか、「これほど拙愚なものが書物を書き残すとはまた、拙愚の至りとしなくてはならない。」と言って老子を徹底的にこきおろす。これは批判というより罵詈雑言に近い。

この罵詈雑言は老子だけでなく孔子にも釈迦にも、ほとんどの思想家に浴びせられているのだ。老子だけが嫌われているのではない。

ところで、『老子』の批判については昌益のいう「互性」がその根拠になっているのだが、基本的なところは「直耕」が根拠になっている。老子も「耕さずに山に入ったことは、儒教の聖人と同じことであり、同じ誤りをくりかえしているのである。」と。

つまり老子もまた儒教の聖人と同じで、直耕をしていないと批判される。

ではその「儒教の聖人」孔子についてはどうか。孔子についてもやはり「私法儒書巻」で詳細に説明される。

孔子についての記述は老子についてのそれよりも詳しい。『自然真営道』は儒学の研究書なのかと思わせるほどである。孔子の家系から家族についての説明から、老子との接触、弟子とのことについてふれたうえで、易伝、礼記、春秋などを徹底的に批判する。

孔子についての記述が多いのは、昌益の批判の対象である封建制の思想のバックグラウンドが儒学であるという認識によるものだろう。

孔子に対する批判は、基本的には老子に対する批判と同様、直耕と互性がその根拠となっている。したがって、以下では、ユニークである、というか現代人の感覚からすれば、支持しかねると思われるところだけ見ていくこととする。

孔子が音楽を好んだことは知られているが、昌益は、「だいたい音楽は、人の情感を淫蕩にし、正心を失わせるものであって、決して心術を正しくするものなどではない。」といって音楽を否定する。

人情は、音楽を聞くときにはただちに腐れとろけて、遊学になずみ、女色を好んで、ますます淫乱にふけり、王者は天下を失い、諸侯は国を傾け、大夫は社稷を失い、平士は家を失い、民間人は身上をほろぼして、国乱を起こすもとになるものである。諸侯がたがいに国を奪いあい、戦乱を起こすのは、勝利を得て人々の上に君臨し、この音楽や栄華を味わいたいと欲するからである。

音楽愛好者の私としては不満があるし、音楽が戦乱のもとだというのにはかなりの論理の飛躍があるような気がするが、とにかく昌益は「音楽は大乱の根源である」と断罪し、「孔丘の時代に諸侯が戦国争乱したのも、この音楽・遊芸・淫色のためである。」という。

そして「この余風」が、後世になって日本に流れ込んできて、琵琶、能楽、浄瑠璃、歌舞伎、狂言ができた、また、碁・双六・カルタなど種々の博奕もできた。それで「人々は天道の直耕によって生活を保つわざを忘れ、」「不耕貪食のやからとなり」、しだいに強欲になり「乱世の根源となるにいたったのである。」として次のように続ける。

他国の日本までがこのとおりの迷妄の世となったのは、ひとえに、シナの聖人が利己の私制・私法を作り立てたことから起こったのである。

孔子の音楽好きが日本の迷妄の世をもたらしたというのは、すさまじい論理の飛躍のように見える、いやまちがいなく論理の飛躍である。

しかし、昌益の言いたかったことは、音楽をはじめとする芸能を楽しむためには経済的余裕がなければならず、また、芸能が商業化していけば、それを享受するには金銭が必要になり、人々は貨幣を求めるようになり争いが起こる、ということなのだろう。

もうひとつ注目すべきは、孔子が同性婚を忌むべきこととしているのを否定していることだ。

孔丘は同姓をめとることは鳥獣のしわざであるといって、これを礼に反したこととしている。大きなまちがいである。それというのも孔丘が自然の道を知らないからである。

孔子が「自然の道を知らない」というのはどういう意味か。昌益によれば、「天地の精気が運回しきわまって逆行し、ここからまた通気を発して男女の人となる。これが人間という小天地の初成である。男女が交わって男の子を産み、また女の子を産む。これが兄妹であり同姓である。」この兄妹が夫婦となって子供を産んでいったから人間世界ができた、という。孔子はそのことをわかっていないというのだ。

昌益の論法は、世界最初の人間はだれかという超難問に関係している。旧約聖書では世界最初の人間はヤハウエによってつくられたアダムとイブだとされている。この二人の子供たちから子孫が増えていったわけだが、最初の子供たちは、(アダムとイブに姓があったかどうかわからないが) 同姓だったはずだということになる。昌益はもちろん聖書を読んではいないが、最初の人間が二人だったとすれば、同姓婚によって人間が増えていったのだ、というのが昌益の論法である。

人間の大本は夫婦である兄妹に始まったことは自然である。だから、同姓の者が夫婦になるのは誤りではない。ただ二女を犯してはならず、二夫に交わってはならないのである。

ここでは、昌益が近親婚を容認しているかのように見える。

しかし、昌益の強調したかったことは、近親婚の積極的容認ではなく、古代においては同姓婚は自然であったということだったろうと思われる。

最近の研究によれば、ミトコンドリアDNAをたどっていくと二十万年前のアフリカの一人の女性に行きつく（ミトコンドリア・イブ）そうだが、おそらく彼女が世界最初の人間とはいえないのだろうと思う。ダーウィンもまた人類アフリカ起源説を唱えたが、ある日突然ミトコンドリア・イブがアフリカに誕生したわけではなく、気の遠くなるような長い時間をかけた進化の過程で、徐々に人類の特徴を備えていった生物がアフリカに多くあらわれたということなのだろう。

たぶん世界最初の人間を特定することはできないのだ。

ユダヤ教・キリスト教では神が人間を創造したことになっているが、日本神話では神が天から降りてきて人間になってしまった。日本では神と人間が連続しているので、強いて言えば、天照大神が日本最初の人間と言えないこともない。昌益の理論では天地の運回で男女が生じたことになっているから、世界最初の人間は、たぶん昌益の中では特定されている。古代においては、人口は少なかったし、交流もそれほどなかったから、配偶者を自由に選ぶことは容易ではなく、やむをえず近親婚になっていたのだろう。昌益はそのことを言っているのだ。

しかし、孔子が同姓婚をいけないことだと言っているからには、その当時の中国ではもう配偶者の選択はある程度自由にできるようになっていたにちがいない。昌益の生きた時代でも、いくら東北の片田舎であっても、配偶者は選べたのではないだろうか。そのあたりの事情は私にはよくわからない。

日本では民法七三四条で近親婚は禁じられているが、スェーデンでは異父の兄妹なら婚姻が認められているそうだ。

昌益は近親婚を容認したかもしれないが、二夫に交わることはならぬと言っているので、異父の兄妹などありえず、スェーデンの法律などとんでもない、ということになるだろう。

話が横道にそれた、元に戻そう。孟子についてもやはり同様の批判が繰り返される。そして「私法儒書巻」は儒者の論をこうまとめる。

孔丘は耕さずに貪食するばかりで天道を躬行しない。だから、教言と弁舌でのみ天道にのっとり、その行うところは、おのれを利し貪食しているだけである。人の上に立とうとするために天道にのっとる。だから、儒学とは天道を売り、貪食を買って生きる渡世なのである。

これに続けて、「儒学は貪食を買うために天道を売る。すなわち貪食と天道とをもって商売をしている。」と書いて、儒者は商人である、と断じているのだ。そして「私法儒書巻」はこう締めくくられる。

儒学は耕さずに貪食するための制法なのである。直耕は、むさぼらずに食を安んずるための天道である。道と法とには、大きなちがいがあることを知らなくてはならない。

仏教、記紀

次に仏教についてみてみよう。昌益が仏教をも批判したのは先にふれた。『統道真伝』の「糺仏失巻」でこう語られている。

釈迦は雪山に入って六年のあいだ単座していたというけれども、これがまず嘘っぱちである。何も食わずにむやみに単座ばかりしていたら、まず生命がなくなってしまうではないか。命がなくては、どんな工夫も修行もやりようがないだろう。

昌益の時代であれば、人間が何も食べずに長期間生きられると信じている人はだいぶ少なくなっていただろう。それでも、民衆に広く浸透していた仏教の始祖である釈迦をこのようにあからさまに批判する昌益の胆力には驚かされる。さらにこうも言っている。

しかるに釈迦は、自分では耕さずに食い、人々から布施をむさぼっているのであって、このことは弁才をもって人々をたぶらかす罪過のはなはだしいものである。

ここでも、批判の根拠となっているのは「直耕」である。聖人君子であろうが、お釈迦様であろうが、どんな人間であっても直耕しない人間は認めないのだ。仏教に対する批判の根拠は、老子や儒学に対するそれと同じである。仏教の教えである禁欲についても批判的である。

しかし昌益は食欲と性欲は自然であるという。安永は『安藤昌益』で『統道真伝』の「人倫巻」から引用してこう言っている。

「食なければ即ち人無し。故に食を思うは中真の思なり。食して穀精満つれば精水洩る。穀精水洩ること無ければ即ち人倫〔人の世〕生続すること無し。故に次に妻交を思うは又真思なり。真思はこの二思なり」（統、人倫、十七）。昌益にとって、食欲と性欲はいわゆる欲ではなく、中真から発する自然の思念である。

仏教だけでなくキリスト教でもそうであるが、たいていの宗教の本質は禁欲である。禁欲こそが世俗と神の世界を分かつものなのだ。しかし昌益は二つの世界があることなど認めないから、一方の世界に入るための手段もまた認めない。

彼の基準は自然のみである。自然に反する禁欲は必要ないのだ。昌益は飲酒を肯定する。

飲酒戒についていえば、人々のうちで少量酒を飲む者は憂いを忘れ、気血をめぐらし、寒気をしのぐなど身に益があるものである。

これは『統道真伝』の「糺仏失巻」から引用しているのだが、『自然真営道』の「真道哲論巻」では「酒はもとより人間の飲物として自然に備わっているものではない。人間のためには大毒である。ゆえに全面的にこれを禁止する。」と言っている。あきらかに矛盾している。私が気がついた矛盾点はここだけだが、昌益の研究者によれば、昌益の記述は矛盾に満ちているという。だから、『統道真伝』は昌益の著述ではなく弟子たちのまとめたものだという奈良本辰也の説が出てくるのだが、たしかにここだけ見ても本当に同じ人物が書いたのだろうかと疑問に思わせる。しかし、『自然真営道』では儒学については詳細に記されているものの、仏教についてはほとんど記述がない。そこで昌益は、これでは片手落ちと考え、『統道真伝』の「糺仏失巻」で仏教について詳述したのではないか。たとえ弟子たちがまとめたものであっても、昌益の明確な意思は感じられ、『自然真営道』と『統道真伝』は一体性があるといえると思う。飲酒については、矛盾というよりは、仏教を批判していくなかで昌益の考えに変化が生じたのだと思いたい。

ところで『統道真伝』のこの記述は酒呑みの自己弁護ではない。昌益は医者であったし、なによりも昌益自身は酒を飲まなかった。「寒気をしのぐ」というのは厳しい東北の冬を知っている昌益ならではの言である。秋田人の酒好きは、昌益のお墨付きがあるから、と言いたいところだが、たぶん昌益とは関係がない。

昌益はすべての欲望を無制限に是認したわけではない。たとえば性欲は肯定したが、『自然真営道』の「真道哲論巻」で「男が他人の妻と交わり、女が夫以外の男と交わるのは、鳥獣虫魚のしわざであっておおいに恥ずべきことである。」と言っていわゆる姦通を激しく非難している。「もし密通を犯す者があった場合には、一族が談合して、人に知られぬようにこれを殺さなくてはならない。」とまで言っているのだ。

仏教への批判で意外に思われるのは「慈悲」への批判である。「慈悲」は仏教にかぎらず大半の宗教の基本的な概念の一つであって、何ら批判されるべきではないと思われるのだが、昌益はこれも容赦なく非難する。

人々に慈悲心を起こさせるというのは、盗人の言い分にほかならない。自分では耕さずに貪食するのはみな盗みである。自分で盗み食いをしておきながら、人々に恩を与えるがごとくふるまい、慈悲心を起こさせ、成仏させるなどというのは、私意から出た妄失のはなはだしいものである。

ここでもまた、直耕せず貪食するのは盗みだ、というフレーズが出てくるのだが、それが慈悲とどう結び付くのかはよくわからない。もう少し彼の言うことをきいてみよう。

かつまた、慈悲というものを持つのはけっしてよいことではない。慈悲をほどこす者は善をおこなうのに似ているけれども、しかし慈悲を受ける者は他人の恩をこうむって罪人になるのであるから、それは罪のない者に慈悲をあたえて罪に落とすことにほかならない。すなわち、慈悲をほどこす者もまた罪人なのである。だから、慈悲とは罪の根源なのである。

慈悲を受けるとなぜ罪人になってしまうのか私にはよくわからない。慈悲をほどこすと罪が許され成仏できるが、慈悲を受けたものはその罪を引き受けてしまうということなのだろうか。成仏がキーワードかもしれない。昌益はこうも言う。

後世の仏僧たちは、インド・シナ・日本の三国ともに、みな人々の慈悲をうけることを生業とし、人々も僧や寺や木像や絵像などに寄捨をして成仏しようと欲する。これらはみな慈悲があるためにこうなのであるから、慈悲は罪の根源なのである。

慈悲という言葉の意味を調べてみると、慈悲とは、菩薩が人々をあわれみ、人々の苦しみを取り除くこと、転じて、情け、思いやりの意、とある。宗教の最大の道徳と思われるこの概念を昌益が否定したのは奇異に感じるが、昌益の本意は、概念そのものの否定ではなく、慈悲心を持つ、慈悲をほどこすという行為の否定、行為の原因になるものの否定ではなかったか。

昌益は「成仏して衆生を済度する」というのは欲である、「衆生を済度して敬われようとするのも欲である」と釈迦や僧侶を批判する。成仏しようとすることは欲である、慈悲が成仏の条件であるとするなら、慈悲が欲の原因だ、これが昌益の論理であろう。

また昌益は「衆生を済度するといって、高僧知識となるのは奢りの始めである。奢りは諸悪の根である」とも言っている。仏法の教えは民衆を救うといわれていても、昌益にいわせれば、直耕をしない者の、俗な言い方をすれば、上から目線の否定されるべき思想なのだ。

日本政治史に名を残す聖徳太子も、日本に仏教を広めたという理由で非難される。

釈迦は罪人であり、「知恵にたかぶった病人」だとして、「太子はそれを知ることができず、妄失の仏法を信じて天王寺を建て、これにしたがう寺僧が倍増して、わが国は迷妄と惑乱と邪欲の国となった。」と非難した。

昌益は聖徳太子の仏教導入に反対したとして物部守屋を評価しているが、では、物部守屋が信奉していた天照大神にまつわる神道についてはどう考えていたか。結論から先に言ってしまうと、昌益は神道についても仏教や儒学ほど厳しく批判してはいない。ただし『古事記』や『日本書紀』

に記述されている国の誕生については批判している。

記紀では日本は神によってつくられたことになっているが、昌益は日本にはその前から自然の世があったとし、「天地には初めて発（おこ）るとか、のちに滅するということはない」と言う。たとえば、イザナギ、イザナミが交合によって国土を生もうとしたところを、『自然真営道』の「私法神書巻」で次のように批判する。

わが身には成って成り足らない所があります。そこで男神がいうには、わが身には成って成り余る所がある。わが身の成って成り余る所をもって汝の身の足らない所を刺しふさぎ、もって国土を生み出そう、と言ったと伝えられる。これは陽には余りがあり、陰には足りないところがあるという妄言を信じて、陰茎は余り、陰門は不足だと思ってこう書いたのである。男女の茎門は、自然神の進退・退進の妙合の道であって、過不足のあるものではない。外に余るものは内に減り、内に余れば外に減り、まったく余りも不足もないのである。これを知らないからでたらめを書くのである。

ここでは昌益は互性の概念によって陰陽思想を否定している。昌益の思想の基本は陰陽五行説にあるのだが、それの全面的な支持者ではないということは先に述べた。

そのことを具体的に示している例をもう一つあげよう。

三種の神器である。『古事記』では、三種の神器について、五行のうち、鏡は火、玉は木、剣は金であるとされ、火、木、金三行の徳が説明されているのだが、それについて昌益はこう言う。

右の説明は、木・火・金の三行の徳をいうけれども、水・土の二行の徳に言及していないから誤りである。五行はそれぞれが別個の五行なのではなく、一連の一気の進退としての五行である。だから、五行とはすなわち一行である。五行のうち一行だけでは、一行の徳さえ行うことはできないのである。一行のうちに五行が具わっていて、五行の徳を明らかにすることは一行においてこれを現わすのである。この妙徳を知らないから、三種の神器の説は誤りである。

ここでも昌益の互性の概念が批判の根拠になっていることが明確である。
五行は一行だと言うのだ。すると神器は一つか五つであるべきなのだろうか、それとも神器などは認めないというのか私にはよくわからないが、昌益の理論は五行説を基本としながらも、それは一体であるという独自の理論である。
この独自の理論について狩野亨吉は『遺文集』の「安藤昌益」でこう書いている。

私は安藤は医者であったろうと云うことを推測して置いたが、彼は医学以外の知識も可なり広く持っていたのである。顕正之巻六十余冊は彼の学殖を現わすものであって有らゆる方面に亘り、量に於いては不足を云えない。しかし遺憾ながら取るべきところが甚だ少ない。或いは歴史上の捏造説を看破したり、動物と其食物との形体の類似を推考したりして、頗る人を驚かすに足る奇論も吐くが、至る処に五行論を振廻すのは甚だ惜しまざるを得ない。

最後の「至る処に五行論を振廻すのは甚だ惜しまざるを得ない」という箇所をとらえてのことだと思われるが、安永は『安藤昌益』でこう批判している。

昌益を発見した光栄をになう狩野亨吉は、昌益の陰陽・五行説におけるなみなみならぬ努力や苦闘のあとに注目することなく、彼もまた陰陽・五行説をちりあくたのように廃棄しようとする潮流にのって、もっぱら昌益の社会思想における反封建制を評価し、陰陽・五行説は昌益思想における、おしむべき否定的な側面であるという、一種の偏見をのちの昌益研究者にうえつけた。

安永は「偏見」に傍点を付し強調しているが、亨吉の言は偏見だろうか、私はそうは思わない。同時代の人間にさきがけて近代の自然科学、特に物理学の知識を身につけた亨吉にとっては、陰陽・五行説はとるにたらぬものであったろう。だからといって昌益の理論を頭ごなしに批判しているわけではない、むしろ擁護している面もあるのだ。

先の引用した箇所のすぐあとに、「しかし是は科学的知識の欠乏に帰すべきもので、当時に在っては仕方のない事であったろう。そこで私は此以上奇説や罵倒を聴くことを止め、彼の尤も重きを置いた救世観を説明し終わったところで、一寸その概評を試みる。」と続けている。ヨーロッパの自然科学が日本に紹介されるようになるのは昌益の没後である。つまり当時の学問水準からすれば陰陽・五行説が基本となるのはやむをえなかったと言っているのだ。

ここまで書いてきて気がついたのだが、奈良本辰也は『統道真伝』の解説で、昌益には「徂徠や仁斎ほどの学殖もなければ山片蟠桃ほどの仏教の理解もない」としたうえでこう書いている。

その一つ一つをとれば、彼の学者としての地位はせいぜい二流どまりだろう。あるいは、はっきりと三流の田舎学者といった方がよいかも知れない。

しかし、彼をして、あえて今日に意義あらしめているのは、その身分制度に対する呵責なき批判と、諸々のイデオロギーの背後に体制擁護の思想をよみとっていることである。

ハーバート・ノーマンも『忘れられた思想家』で同様のことを言っている。

あくまでも推測だが、安永は、奈良本やノーマンのこのような見解を偏見だと言っているのかもしれない。そうだとすれば、それが亨吉によってうえつけられたとするのはどうかと思われる。奈良本もノーマンも一流の学者である。特に奈良本の場合は、あれだけ詳細な訳注をほどこしているのだから自分で原典を読み込んで思慮したうえでの見解であることに疑いはない。亨吉の見解をそのまま鵜呑みにすることはありえない。だいたい安永自身が、「経験科学的な面から見るかぎり、その天動説をはじめとして、彼（昌益のこと：庄司）の自然観のなかで、後世まで耐えうるものはほとんどないといっていい。というのも、彼の自然観察が、陰陽・五行説から演繹的に出発する、伝統的方法を突破できなかったからである。」と言っているのだ。昌益の自然観が耐えられないものであるならば、亨吉や奈良本やノーマンのいうように現世の批判しか評価すべきものは残されていないだろう。

そして、安永は、亨吉が「陰陽・五行説をちりあくたのように廃棄しようとする潮流」に乗ったと批判しているが、これも妥当ではない。安永は陰陽・五行説に造詣が深い学者であるから陰陽・五行説がそうかんたんに葬り去られるべきものではないことを知っているので、荻生徂徠や福沢諭吉が陰陽・五行説を軽視したこと、特に諭吉が陰陽・五行説を有害なものとして切って捨てたことに不満をもっているのだろう。

しかし、亨吉が諭吉の思想に乗ったとは思えない。諭吉は西洋近代思想を導入するために陰陽・五行説を積極的に排除しようとしたが、亨吉にはそこまでの意思があったとは思われない。

おそらく、安永がもっとも言いたかったことは、昌益の研究者が昌益の陰陽・五行説に対する真摯な取り組みについてふれていない、彼の努力、奮闘を評価していない、ということではなかったか。それについても亨吉がそうであったというのは早計であろう。

たしかに『遺文集』の「安藤昌益」には、昌益が陰陽・五行説に悪戦苦闘して取り組んだというようなことは書かれていない。そもそも享吉はほとんど著作を残さなかった人で、昌益についても、その思想を深く研究してみようとは思っていなかったはずだ。

私は享吉の崇拝者ではなく、彼を批判することは許さないという立場ではない。しかし、昌益にかんすることで享吉を批判するにはよほど慎重であるべきだと考えている。

というのは、私たちの知る限りではという意味においてだが、著者以外に『自然真営道』を通読することができたのは享吉ただ一人であるからだ。

士農工商、商品経済

もう少し昌益が批判したものをみてみよう。昌益は思想だけでなく現世の社会システムをも容赦なく批判している。

『統道真伝』の「糺聖失巻」には「四民とは、士・農・工・商である。これを制したのは聖人の大罪であり、大失敗である。」とされている。最初にこの箇所を読んだときに、「これを制したのは聖人の大罪」というフレーズを疑問に思った。この制度を確定させたのは聖人ではなく徳川幕府ではないのかと思ったからだ。露骨に現体制を批判するのはまずいと昌益は考えて、わざとぼかしたのか、そう考えた。しかし、調べて見ると、昌益が正しかったことがわかった。漢書には、「士農工商、四民に業あり」との記述があるらしい。私は士農工商は江戸時代の身分制度だと思っていたが、古代中国の思想だったのだ。そして幕府自体も、どうもこの概念を厳格に考えていなかったようなのだ、つまり確固とした制度ではなかったようだ。

そうであれば、昌益は打ち首になっていたにちがいない。

そうはいっても当時の支配者であった武士を批判することは相当な勇気がいったことだろう。ただし、昌益は猪突猛進に武士を批判したわけではなかった。「糺聖失巻」では、武士を批判するのに中国の例をあげているのである。武士が最も権勢をふるっていた時代にあって、目の前のその武士に言及することなく、あえて古代中国の話をしていることに昌益のしたたかな計算がある。四民を制したのは聖人の大罪であると断じてからこう続けている。

士とは武士である。君の下に武士の身分を立てて庶民の直耕の所産たる穀物をむさぼり、もしも気が強くて違背に及ぶ者があったときには、武士が大勢でこれを取りひしぐことができるようにこれを制したのである。また聖人の命令にそむき、徒党をなして敵対する者には、この武士をもって討伐する。この用途も兼ね併せているのである。これは聖人がもともと自然の天下を盗んだものだから、他人から攻められることを恐れてのことである。

このあとに昌益は古代中国の王朝の変遷について言及し、「天下の治乱は自然に生ずるものではなく、時の君の賢・不肖によるものだ」という太公望の言葉を引用し、「これをもってこれをみれば、自然の世には治乱の名があることはないのである。」と言っている。自然の世には争いがなかったのに、聖人が自然の天下を奪ったから乱世が生じ、それに対応するために武士が「制された」というわけである。

武士というものは乱世が絶えぬようにするための用途も兼ねそなえているのであって、これを聖人が製作したことは天の責をまぬがれぬところである。君の下の士は、多人数が耕さずに食うから、耕す者が足りなくなって乱世を招来するのである。聖人の製作はまことにうたてきかぎりである。

昌益は武士について言及しながら、ここでは武士ではなく武官についての説明になっている。武士と武官を混同しているわけではない。あえて武官の説明にすりかえているのだ。

ここでは日本における武士の起源についてふれることはできないが、日本においては武士は権力者によってつくられたものではない、武士が権力者になったのである。中国の武官であれば権力者によって採用されたものであるから昌益の語っていることは正しい。万が一、幕府によって、けしからんということになったとしても、「私は我が国の武士のことを言っているのではない、中国の話なのだ。」と昌益は主張できるのだ。

先に三種の神器の説は誤りだと昌益が言ったことを紹介したが、これが明治時代であったならば、昌益は不敬罪でまちがいなく処分されていただろう。しかし、昌益の時代の権力者は天皇ではなく武士であった。それどころか江戸時代の天皇は幕府によってまるで政治犯のように御所に幽閉されていたから、一般の庶民にとっては天皇は存在しないといってもいいぐらいだった。おそらく昌益が三種の神器の説を誤りだと書いたときに積極的に皇室を非難しようという気持ちはなかったと思う。昌益はもちろん天皇の存在を知っていたが、そのことを強く意識することはなかっただろう。しかし幕府の存在は無視するわけにはいかなかった。皇室の伝統を批判することはできても、露骨に幕藩体制を批判することはできず、遠まわしにそうせざるをえなかったのだ。

武士以外はどうか。農については、「無欲無乱の自然の天子である」として、もちろん非難しない。工についてはこのように批判される。

工は工匠、諸種の器材を作ることを生業とする者である。この身分をもうけた聖人は、美しい家や城郭を建てるため、諸器材を自由に入手するため、美しい衣服や美食で華美をつくすため、軍用品のため、いずれも自分を利するためにこれを兼ね用いているのである。これは一見天下の通用を自由のためにしているかのようであるが、奢り費えの端緒となる以外の何物でもない。

昌益はこのあと、工匠が大型の船を作ったために、他国まで奪い取ろうとする大乱が広がったとする。もちろん、その原因は工匠というよりは権力者の欲望にあることを指摘する。

城郭・高楼・堂塔・寺社などを盛大に飾り立てて作り、無益な濫費の端緒となることは、それだけの大仕事をする工匠の徒輩がいるからである。もとはといえば、みな聖人の罪過である。

商についてはどうか。これは昌益が最も嫌うものである。「商人は諸物を売買するやからである。諸物の売買を天下の通用としたこともまた、これを制度として立てた聖人の大罪である。」として、まずはこれまでと同様に四民の制度をつくったとされる聖人を批判する。

そして昌益の批判は商業活動のもととなる金銭に向けられる。

人性にそなわっていたはずの自然真の清浄の神、正真の心も金銭の欲望のためにかき乱され、真正を失う迷妄の世となってしまったのである。

人々はよりいっそうの金銭をえようとして交易を行うようになる、国々も自国の物産を金銀に換えようとする、都市も田舎も物と金銭とを交換するようになる、これが商いである、と昌益は言う。商いは「耕さずに貪食することができるものだから」自然の人倫の道は思われなくなり、むやみやたらに利益をえようとして、「ただひたすらに金銭のために身命の滅亡さえ知らぬ始末である。」と言ってこう続ける。

　天下を奪ったり奪われたり、国を取ったり取られたり、家を滅ぼしたり、人を殺したり人に殺されたり、大は盗、小は賊の罪のために刑戮されたりするのは、上下・貴賤とともにただひたすら金銭を欲する一事から出ているのである。

自然の直耕の世においては物々交換され貨幣がないから、欲も盗みも争いもない無事平安の世である、しかるに聖人が金銀を通用させて以来、人々は利欲を追い求めるようになった、と昌益は言う。

　その欲するところはみな栄華を欲するのである。栄華は金銀によってのみ成就される。栄華は迷いの盛んなものである。迷いは悪の始めである。悪とは欲である。だから、すべての悪は一つの欲に発するのである。すべての欲は一つの金に発するのである。ゆえに金は、すべての欲、すべての悪の大本なのである。金が世に出現してから、天下は暗黒・強欲・迷妄の悪性となった。これも聖人の罪なのである。

ここでも「聖人の罪」が強調されている。執拗なまでの繰り返しが多いのは昌益の特徴であるが、四民のうち商に他の三つよりはるかに多くの記述がなされており、昌益がいかに商品経済を嫌悪していたかがわかる。「糺聖失巻」ではすべて中国の例が記述されているのだが、ここでだけ、「わが国の三大都市の商家をみるがよい。」と日本について言及している。三大都市とは江戸と京都と大阪をさすと思われるが、これら大都市の商家は、有害無益で「無用の栄華を業とし、利欲にばかり」こだわっている、という。これもまた聖人の罪であるというのだ。

昌益は武士に言及するときはわざと中国の聖人のせいにしたと私は考えているが、彼の忌み嫌う商品経済の進展は本当に中国のせいと思っていたかもしれない。商品経済の進展に欠かせない貨幣は中国の発明だと思っていたのではないだろうか。

日本最初の貨幣といわれる和同開珎は唐の開元通宝がモデルだといわれているし、江戸時代初期までは永楽銭や宋銭がかなり流通していた。昌益が暮らしていた当時の八戸で永楽銭がどのていど流通していたのか私は知らないが、昌益は貨幣イコール中国と考えていたかもしれない。

昌益の是認したもの

これまでみてきたように昌益はありとあらゆるものを否定し非難した。特に中国の思想が日本に害悪をもたらしたと非難するのだが、曽子だけは評価した。

『自然真営道』の「私法儒書巻」にはこういう記述がある。

曽子がいうには、「人の施しを受ける者はつねに人にへつらう。人に与える者はつねに人に驕る。たとえ君主が臣下にものを賜って驕りとしないといったところで、また受けるほうが自分はへつらいをしないといったところで、受けることはしょせん受けることなのである。天道には与えることはあるが、受けることはしない。だから、君主が自分に与えるのは天道である。受ける自分はすなわち天道を盗んでいるのだ。自分はいったいへつらわずにいることができるだろうか」こう考えて、曽子はついに俸禄を受けず、直耕を安んじた。

昌益は、魯の国王が曽子に禄を与えて仕官させようとしたが曽子がことわったことを話しているのだ。曽子の師である孔子はいくつかの国に仕官したが、曽子はそれは天道を盗むことだといって仕官しなかった、「だから、孔丘は曽子に対して恥ずかしいと思うべきであって、聖人でありながら遠く曽子に及ばないのである」という。

伏羲・神農・黄帝・堯・舜・禹・湯王・文王・武王・周公・孔丘ら十一人の聖人は、五常・五輪・四民などの制度をつくり天下を治めたが、「その実は天道を盗んで、耕さずに多くの人々の直耕をむさぼり」食っていた、「だから十一人の聖人は、みんな高ぶり偏した知恵から出た私の誤りを犯しているのであり、天下にただ曽子ひとりだけが天に代わる真人なのであって、一点の誤りもないのである。」と語る。

しかし、残念なことに曽子の考えを継承する者はいなかったので、「聖人の誤りを糺す者もまた現われず、かえってその誤りを貴び用いることが世に行われてきたのである」と昌益は言う。ところが二千数百年後に昌益が曽子の「天言」を「顕彰」することになったのだと誇らしげに語る。

天は中古には曽子をもって示現し、末世にはわが著『学問統括』をもってまたこれを示現した。

『学問統括』とは『自然真営道』における諸学説の解説の巻をさしていると思われるが、『自然真営道』のこととしてもさしつかえないと思われる。

それが天の示現であるというところに昌益の強烈な自負があるが、自慢というよりは、自説の正しさの自信のあらわれといったほうがいいだろう。

曽子は例外的に認められたが、ありとあらゆる思想は認められなかった。思想だけでなく一般的になっていた娯楽や生活習慣も否定した。欲望も否定したが性欲は自然なものとして否定しなかった。亨吉の「安藤昌益」には「安藤は性の楽は無上にして念仏の心も起らずと云った」との記述があるし、青江は『生涯』の「亨吉と性」で「夫婦の道は自然進退の機習はず教へずして自り至る。交合の道は此上なき楽しみなり。此時念仏の心起こること無し。是れ至極の楽しみに仏なきこと明らかなり」という昌益の言を引用して、「およそ男女交合の道が人間生活最高の楽しみだといい切った思想家がこの世界で昌益を除いて誰があったか。」と書いている。この昌益の言が『自然真営道』に出てくるのか『統道真伝』に出てくるのか私は見つけることができず、コンテクストが不明なのだが、青江の言うような性の謳歌というよりは、あらゆる欲を禁じた仏教への批判であったと思われる。

仏教における出家を昌益は批判する。夫婦・親子の関係を断つのは自然に反するからだ。昌益は『統道真伝』の「糺仏失巻」で「男女・親子は自然の一気であるだから、つねにたがいに思いあって、その思いをいかんともすることができないのは、自然のしからしむところだからである。」と書いている。そして、「男女が進退・外内の宇宙の道をつくし」、「歳気の時行を得てたがいに感通し、ついに交合するにいたる」という。このあと男女の性交の記述がある。その詳細は省略するが、男女がたがいに身を動かしあうのは進気であって、「男女の神に応えて、余念をほろぼして真が感和し、これを楽しく嬉しいこととする」としてこう続ける。

これが男女の交合、夫婦の道であって、自然の進退・退進、宇宙の精・神が穀精と感合して人を分生させる妙道なのである。

昌益は「男女・親子は自然の一気である」としたが、「親子」よりも「男女」が先にきていることに注目すべきであろう。野口武彦は『日本の名著 19 安藤昌益』の「土の思想家 安藤昌益」

で「人倫の諸範疇の最初にあるのは夫婦であって父子ではない。昌益が問題にするのはつねに生殖、つまり自然の生成の秩序とでも称すべきものだからである」と言っている。

昌益が生殖を問題にした、という指摘は核心をついている。昌益は「釈迦のように天下がみな独身になったら、人間の世界は絶えてしまう。だから釈迦は世界の大敵なのであって、これを貴ぶのは大愚の至りである」（紀仏失巻）と書いた。つまり夫婦の関係を否定したら人間世界は成り立たないというのだ。仏教は人間世界には関心がないから、というよりはそこからの解脱を目標としているのだから昌益の批判などは一笑に付すであろうが、それはさておいて、昌益が野口のいうように生殖を重視したことは疑いがない。

昌益が男女の交合を賛美したのは、あくまでも生殖が前提となっていることを見落としてはいけない、たんなる性の謳歌ではない。先に述べたように、生殖を目的としていない、いわゆる姦通や不倫を昌益は厳しく戒めているのだ。

生殖が前提となる男女の交合は自然の作用であった。それは直耕の概念と連続するものだと野口は「土の思想家 安藤昌益」で言う。

まさしく昌益の想念のなかでは、宇宙自然の生成作用と人間の直接労働（直耕）による生産行為ならびに男女交合による生殖行為とはひとつながりに連続したものなのである。

私はこのセクションを「昌益の是認したもの」とし、曽子と性欲の二つをとりあげた。
この二つは何の脈絡もないようにみえるが、曽子は俸禄を受けず「直耕に安んじた」のだし、男女の交合は自然なものであって、野口のいうように直耕と生殖行為は連続しているのだから、是認の根拠は首尾一貫しているのだ。

ここでは昌益の是認したものをみてきたが、彼が是認したもの、あるいは積極的に評価したものは、彼の二つの著作、『自然真営道』と『統道真伝』においてはあまり見られない。ほとんどは既存の思想の否定である。これだけ徹底的に否定に満ちた思想をなぜ昌益は書き残さなければならなかったのか、なぜそのような思想を持つにいたったのか、次はそのことを考えてみたい。

思想の形成過程

ハーバート・ノーマンの『忘れられた思想家』に次のような記述がある。

昌益には、本居宣長その他の国学者のように、ただしそれほど猛烈ではなかったが、一種の中国嫌いとでもいったところがあり、日本社会の害悪は仏教や儒教のような偽りの教えが中国を仲介としてこの国に導入されたがために生じたのであるとしている。

やや疑問のある記述である。昌益が中国嫌いであったという指摘には全面的に同意できないのだが、かりにそうだとしても、このフレーズには疑問を感じざるをえない。

儒教は中国の思想であり「仲介」されたものではない、直接導入されたものである。仏教については「仲介」という言葉は適切かもしれないが、中国が積極的に日本への布教に乗り出したわけではない、日本のほうから求めたといったほうがいい。

それはさておいて、これを引用した私の意図は、ノーマンを批判するためではなく、昌益が「日本社会の害悪」の原因が仏教や儒教だと指摘していることの重要性を強調することにある。つまり、昌益の『自然真営道』は、思想のための思想ではなく、哲学のための哲学ではなく、当時の日本社会がおかしくなっているのはどうしてかという問題提起の書なのだ。

昌益は『自然真営道』でさまざまな従来の思想を詳細に解説しそれを批判している。したがって一般的な哲学書、思想史の書物のような印象を受けるかもしれないが、当時の社会に対する厳しい批判が根底にあることをまず認識しておかなければならない。

ただし、社会批判だけに眼をむけると危険なこともある。渡辺大濤は、昌益が大規模な農民一揆を計画していたとの説を発表したが、昌益にそのような意図があったとは考えにくい。晩年に故郷の二井田に帰ってからは、村人に神道や仏教に基づく伝統的慣習をやめさせたりするなど自分の思想を一部実践したことはあったようだが、一揆とか蜂起とはほど遠いものである。

野口武彦は「昌益が努力を傾注したのは、封建社会の存続を正当化している思想の学問的批判であって、封建社会に対する政治的批判ではなかった。」と『日本の名著19安藤昌益』の解説である「土の思想家　安藤昌益」で指摘しているが、この指摘は決定的に重要である。

野口は、学問批判であるために『自然真営道』では既存の思想を網羅的にとりあげざるをえなかったとして、「『自然真営道』全巻の構成がさながら批判の百科全書の観を呈しているのはそのためである。」と書いている。「批判の百科全書」とはいいえて妙である。

では、なぜ昌益はありとあらゆる思想を批判することになったのか、以下ではそれを考えてみよう。

東北の農村

ある人の生まれ育った環境がその人の思考性向に大きな影響を与えることはいうまでもない。

昌益の場合は、四十一歳のとき、延享元年（一七四四年）に八戸に出現するのだがそれ以前のことはほとんど知られていない。八戸の郷土史家らの研究でわかったことは、元禄十六年（一七〇三年）に大館の二井田に生まれた、十四五歳のころ仏門に入り禅宗の僧侶となった、その後還俗し、京都で医学を修めた、延享元年（一七四四年）に町医者として八戸にやってきた、当地で『自然真営道』、『統道真伝』を著した、宝暦二年（一七五二年）に故郷の二井田に戻った、宝暦十二年（一七六二年）当地で没した、ということだけである。八戸での暮らしぶりはあるていど知られているのだが、それ以前の昌益がどのような環境にいたのかは私たちは知ることができないのだ。

ただし、京都にいたのは約十年ぐらいではないかといわれており、ほとんどは北東北が生活の拠点であったことはまちがいがない。そのことが、昌益の思考形成に影響を与えたということはできるだろう。二井田は純然たる農村であったし、八戸では町中で暮らしていたが、それでも三浦梅園や本居宣長の暮らした西国とは異なる厳しい環境であったし、ましてや山片蟠桃が拠点としていた当時の日本経済の中心地の大坂堂島とは対極にある環境であった。

同時代の思想家のなかにあって唯一昌益だけが異なる環境の下にあったのだ。

三浦忠司は『八戸と安藤昌益』で、当時の八戸では凶作、飢饉がしばしば発生しており、特に寛延二年（一七四九年）の農民が三千人餓死した大飢饉が昌益に衝撃を与えたのではないかと書いている。この飢饉が契機となり社会批判をするようになり、『自然真営道』を執筆することになったのだと三浦は言う。

安永もまた寛延二年の飢饉が昌益の思想的変革の契機であったとする。安永の『安藤昌益』によれば、「寛延二年（一七四九）夏、暴風が襲い、作柄に大きな被害をあたえたが、藩はなすところなく、ただ諸寺に祈祷を命じるのみであった。秋には猪が大挙襲来して作物を食い荒らし、結局一万五、六千石の被害が生じ、翌年春にかけて三千人の餓死者が出た。」ということである。

この飢饉は冷害や旱魃によるものではなく猪の被害によるものらしい。三浦も、この飢饉は当時の飢饉書に「猪飢饉」と記されている特異な飢饉だったとして、「猪が異常発生して、田畑を荒し回り、耕作している農民を三千人以上も飢え死にさせたというすさまじいものです。」と書いている。「異常発生」というと植物か昆虫のようで猪にはふさわしくないような表現のような気もするが、それはさておいて、とにかく特異な飢饉だったらしい。

安永はさきほどの記述のあとにこう続けている。

それは八戸移住後の昌益がはじめて目撃した悲惨な光景であり、彼の心を強く動かしたであろう。飢饉の際には、口にする雑草の毒にあたり、衰えた体力に寒気がふれて、病人が続出する。彼はその治療に奔走し、多くの臨終に立ち会いながら、医学の無力感に襲われたにちがいない。悲惨な現実のなかで医学は試練にたたされ、彼はほとんど絶望の淵に立ちながら、既存の医学と学問を全面的に疑わざるをえなかったであろう。まちがいなく昌益はこの年から翌年にかけて決定的な回心をなしとげるのだ。

ふつう「回心」というときは、罪を悔い改めて神を信仰するようになることをいうのだが、ここではあきらかに昌益が既存の学問、思想、社会を批判するようになったことをさしている。つまり安永はあえて傍点を付して逆の意味でこの言葉を使用したのだが、それは寛延二年の猪飢饉以前は昌益が既存の学問、思想、社会を肯定していたことを意味している。

菊池勇夫は前掲『安藤昌益と現代』創刊号の「飢饉と向き合う思想―安藤昌益の場合」で、昌益の初期の著作『暦大意』では、仁君が仁政を施せば五穀豊穣となり国は繁栄すると考えていたと書いている。『暦大意』あるいは『暦之大意』を私は読んだことがなく詳細は不明だが、一七四五年、つまり猪飢饉の四年前に書かれている。その後の『自然真営道』では政治などは完膚なきまでに批判されるのだから、安永に「回心」と言わせたのも頷けるほどの大転換であった。

ではなぜ昌益は考え方をかえたのか。

安永は、昌益は多くの死者をまのあたりにして、医学は無力だと考え、「既存の医学と学問を全面的に疑わざるをえなかった」と書いたが、私はそれよりも、猪の襲来の前の暴風による作物の被害に対し「藩はなすところなく、ただ諸寺に祈祷を命じるのみであった」という記述に注目する。昌益は医学の限界を知っていたと私は思う。大災害に対して医学の無力を感じたというのはそのとおりであろうが、藩、つまり政治行政もまったく無力であったし寺院の祈祷も何の役にもたたなかったということのほうがより多くのことを昌益に考えさせたのではないだろうか。

三浦忠司は前掲『八戸と安藤昌益』で、猪が大量「発生」したのは八戸藩が大豆の栽培を農民に強制したからだと言っている。三浦によれば、冷たい東風（やませ）が吹く八戸はもともと米作には適地とはいえなかったこと、そして江戸で味噌醤油の原料としての大豆の需要が高まったことから八戸藩は大豆生産に力を入れ、生産高を強制的に村々に割り当てた。ところが当時の大豆栽培は連作がきかないので毎年放棄地ができる。この放棄地にクズや山芋が繁茂し、このために猪がふえた、その猪が村里に出てきて田畑の作物を食い荒らした、というのだ。つまり大豆栽培の拡大によって生態系のバランスが崩れたというわけだ。三浦は、昌益がこの因果関係を確実に知っていたわけではないがとことわって、次のように続ける。

ただ、直観的に何かが狂っている。幕府や藩の産業政策、ひいては、都市と農村、消費地と生産地、中央市場と地方市場、そして中央と地方の権力の有り様など、八戸藩を超えた幕藩体制の経済構造の矛盾に次第に気づくようになったのではないでしょうか。農民の労働や地方の生産を一方的に奪い取る経済構造は、結局は政治や社会の問題にいきつくことになるのです。

鋭い指摘である。猪と大豆の因果関係がそのとおりなのかどうか私にはわからないが、飢饉がきっかけとなって昌益が当時の経済構造、社会システムに疑問を持ったことは疑いがないと思われる。この疑問とそれに対する回答が『統道真伝』に先鋭にあらわれる。

『統道真伝』の「万国巻」の「人災の論」で、昌益はこう語っている。

此れ是の諸難と万災は人心の気に始まり、呼息より転定の運気に通ず。運気を汚す転より之を受くる故に、転災を為すと雖も、本人より出ずる故に転災に非ずして人災なり。

これは岩波文庫の『統道真伝』からの引用である。これまで昌益の言については、わかりやすい現代語訳になっている『日本の名著　19安藤昌益』から引用してきたが、なぜか野口はこの箇所を訳出していない。そこでやむをえず読み下し文のまま引用したので少しわかりにくいところがあるが、昌益にあっては「転」は「天」のことであるから、ここでは、あらゆる災害は天災ではなく実は人災なのだと昌益は言い切っている。そして聖人や釈迦が世に出るまでは災害はなかった、日本でも聖人や釈迦の私法を採り入れる以前には災害はなかったというのである。暴風や旱魃が人災だとするのは全面的には受け入れにくいが、猪飢饉を例にとれば、猪が増えたのは生態系のバランスが崩れたためであり、その原因をつくったのは人間なのだから、猪飢饉は人災なのだといえるかもしれない。それでは最近世界各地で発生している大雨洪水はどうか、これも人災なのか。昌益ならこう言うかもしれない、大雨は地球温暖化が原因で、それは人間がやみくもに二酸化炭素を排出したからだ、異常気象の原因をつくったのは人間なのだから人災だ、また、人間が山の木を伐採し田畑をつぶしたので保湿力がなくなった、そして地表をコンクリートやアスファルトで固めてしまったから洪水になるのだ、だから洪水も人災なのだ、と。

自然災害をたんなる自然現象ととらえず、自然現象を災害たらしめているのは人間の業だとしたところに昌益の鋭さがあるのだが、それは自然・直耕という概念から必然的に導かれた結論かもしれない。とにかく、江戸時代にあって飢饉などを人災だとした昌益の洞察力には驚かざるをえない。このことだけをもってしても昌益は天才といいうる。

昌益の研究者の中には、昌益の思想の形成過程で東北の飢饉は昌益に影響をおよぼしてはいないという人もいるらしい。昌益は既存の思想や歴史を全般的に批判的に検討することによって独自の思想にたどりついたものであって八戸の飢饉などの実証分析の結果によるものではないというのだ。先に野口の「思想の百科全書」という言葉を紹介したが、『自然真営道』でも『統道真伝』でも既存の思想や医学についての詳細な記述がある。そこに注目すればたしかに東北の飢饉の影響を見出せないと言えるかもしれない。しかし、『自然真営道』の「大序」には、「時には六月に気候が寒冷で穀類が実らず、時には干魃が襲って穀類が熟さず、凶作となって多くの人々が餓死し、時には疫病が流行して多数が市に、国中が全滅するほどの大患となるのである。」という記述がある。「六月に気候が寒冷で穀類が実らず」という箇所は東北地方の太平洋側に吹く東風（やませ）による冷害をさしている。昌益が東北の飢饉を意識していたことは疑いがない。

安永は『安藤昌益』でこう断言している。


仙確は『自然真営道』（前篇）に寄せた「序」のなかで、本書の成立のいきさつをつぎのように証言している。「転下妄失の病苦、非命にして死せる者のために、神を投じて以て自然の真営道を見す。」（天下の妄失によって病気に苦しみ、不慮の災難によって死んでいった者のために、昌益は精魂を傾けて自然真営道、つまり真実を明らかにする。）この書はなによりもあの呪うべき凶年に「非命にして死せる者」に捧げられた鎮魂の書であった。

安永の指摘は正しい。もし、昌益が比較的気候が温暖な西国の農村で暮らしていたら、あるいは山片蟠桃のように大坂堂島で商業に従事していたら、あるいは京都で町医者を続けていたら、『自然真営道』が書かれることはなかっただろう。

昌益の思想の構築には東北の農村が決定的な影響をあたえているのだ。

昌益の思想の核心である自然・直耕が具体的に説明されている箇所がある。『統道真伝』の「糺聖失巻」から。

自然の人間は、直耕・直織する。平野の田畑に住む人間は穀物を生産し、山里の人間は材木や薪を産出し、海浜の人間は諸種の魚類を産物とし、薪材・魚塩・米穀をたがいに交換することができるから、海浜・山里・平野の人倫はみないずれも、薪と飯の菜の需要をまかなうのに不自由することなく、食と衣を安んじることができるのである。

三浦は前掲書でこの箇所についてふれ、昌益は今でいう「地域の循環社会」が成立すると考えていた、としてから、「海に恵まれて、山や平野があるところと言えば、八戸の風土にまさにぴったりではありませんか。ここでも〝八戸の地〟で昌益思想は誕生したといえることになります。」

と書いている。海、山、平野があるところは八戸だけではないが、やはり東北の農村での体験は昌益の思想の構築に大きな影響を与えたといっていいだろう。

医者であったこと

昌益の思想形成にあたって、もう一つ注目しておくべきことは彼が医者であったということだろう。ノーマンは『忘れられた思想家』で次のように述べている。

昌益が医者を業としたことも何ほどかの意味がある。徳川時代を通じて医者は他の分野の学問をする者よりもはるかに大きな研究上の自由を許されていた。八代将軍吉宗の代に洋書の禁が少しく緩められ、厳選された少数の学者に天文、数学、医学などの蘭書の研究が許された。オランダ語の原書や西洋の科学書のわずかの翻訳を読む機会を利用して、向学心に燃えた医者は他の分野の人々よりも自由な研究をはるかに多く行うことができた。封建時代には旅行の制限がきわめて厳重であったが、これも藩医の場合だと、領主の免許状をもってゆきさえすれば研究や往診を名として遠方の年に旅行することは差支えなかった。

ノーマンの書いていることそれ自体はまちがってはいない。

ただし、それが昌益にあてはまるかといえば、そうではないと思われる。まず第一に昌益が洋書の影響をうけた形跡は見いだせない。たとえばヨーロッパの自然科学の優秀性を当時の日本に知らしめた『ターヘル・アナトミア』が『解体新書』として翻訳・刊行されたのは一七七四年である。昌益は一七六二年に没しているからこの書物を知らない。

そして旅行の自由についても『自然真営道』や『統道真伝』の記述にはほとんど関係がないように思われる。ノーマンは「昌益は晩年に広く各地を遍歴ししばらく長崎に留り、貪るように外国の事情を研究したことがわかっている。」と書いてからこう続けている。

かれがオランダについて、その社会制度、政治制度および一般文物を深く賞讃するようになったのはこの長崎滞在の間においてであって、それを昌益は著書のなかで証言している。「統道真伝」第四、万国巻は外国事情の解明にあてられているが、そのなかで昌益は、オランダ、シャム、中国など諸外国の事情について商船奉行の下役から知りうる限りのことを学んだと語っている。

しかし、ノーマンといっしょに『統道真伝』を読んだ奈良本辰也は岩波文庫の『統道真伝』の解説で、昌益の長崎旅行に疑問を呈している。奈良本は、万国巻の記述について、「長崎通詞を介して聞いたという内容は、あまりにも貧弱である。」と書いている。

たとえば天竺国（インド）の話は、当時さかんに読まれた『天竺徳兵衛物語』の内容と同じであるという。野口武彦も奈良本の説を支持している。野口によれば、『自然真営道』巻三に日本各地の気候についての記述があり、「四国九州ハ冷涼ナリ」と論じているそうだ。野口は「これは実地に遠国に出向いたことのある人間の言葉ではない」と断じている。

おそらく昌益は長崎には旅行していない。しかし、長崎に行ったかどうかはほとんど問題にならない。ノーマンは『統道真伝』の万国巻は長崎に行って聞いてきたことをまとめたものだと言っているが、かりにそれが本当だとしても、あの諸外国の記述は昌益の思想構築に大きな関係があるとは思われない。あえて乱暴ないいかたをすればあってもなくてもいいようなものである。

このセクションの冒頭で私は、昌益が医者であったということに注目すべきだと書いた。そしてノーマンもまた同様の記述をしているが、その理由については異なっている。

ノーマンは、医者であることによる研究の自由と旅行の自由をあげたが、私は医者であることによるものの見方に注目する。

歴史に残る江戸時代の思想家は医者を兼ねていたり医学を学んだ人が多かった。三浦梅園も本居宣長も医者であったし、昌益とおなじ秋田出身である平田篤胤も医者であった。医者として身をたてるかどうかは別として、当時の世俗の学者にあっては医術は学ぶべき必須の教養科目だったのかもしれない。世俗の、と書いた意味は僧侶ではないという意味である。

医術を学ぶことが仏教学者とそうでない学者の分岐点ではなかったのか。

仏教は宗教というよりは哲学であるが、宗教に近い哲学であるので現実の世界がどう動いているかには関心はない。自然科学であれば、社会科学でもそうなのだが、ある現象はどのように生起してどういう結果をもたらすのか因果関係を客観的に分析する。

実際に生起する現象について考えるのだ。

江戸時代にはヨーロッパ発祥の自然科学は日本にはまだ浸透しておらず、それにかわるものは、特に昌益の時代は、医学であった。先に述べたように『解体新書』が刊行されるのは一七七四年であり、それ以前は中国の医学が基本であった。それは西洋の科学水準からみれば遠く及ばないレベルのものであっただろうが、少なくとも目の前の疾病などに客観的に対処する姿勢はあった。自然科学者としての眼は備えていたのである。

先に、昌益が仙人の存在を否定したことについてふれた。そして釈迦が雪山に入って飲まず食わずで修行したというのは嘘だ、それでは命がなくなる、と非難したことにもふれた。

これらのことは、昌益が自然科学者としてものを見ていたことを示している。

狩野亨吉は『安藤昌益』の「四　自然の正しき見方」を「自然真営道なり統道真伝なりを読んでみて最初に気付くことは、自然と云う文字の連発である。」という書き出しで始めたあとこう続けている。

凡そ古今東西の書物で自然と云う語をかくも多く用いているのは断じて無いと思はれる。此事だけを以て見ても、自然と云う事が安藤にとっては如何に大事のものであったことは認めざるを得ない。

狩野亨吉は、いうまでもなく、『自然真営道』全巻を通読した唯一の人だが、彼はこの膨大な記述から昌益の思想の最大の特徴はその自然観にあることを読み取ったのだ。

昌益の自然観は彼が医者であったことによることが大きい。彼が医者でなければこのような自然観をもつにはいたらなかったと私は考えている。

ノーマンは昌益が医者であったことについて二点ほど興味深い記述をしている。

まず第一点、彼はヨーロッパの医学者でもあり哲学者であった人たちの考え方を紹介してから、東洋医学、中国の医学についてこう語っている。

その代表者たちは自然を偉大な治療者とみなし、大体において薬草を医薬とし、病人に病気のもたらす障害よりもかえって恐ろしい結果を与えがちな激しい治療や手当をおしつけるよりも、むしろ自然の治癒力をわきから助けるのが医師の主な任務であると考えていた。

西洋近代医学は自然の治癒力を認めていないわけではない。しかし東洋医学のほうが自然の治癒力をより重視するのは疑いがないところである。昌益は東洋医学思想にも容赦ない批判を浴びせたが、自然の治癒力には絶大な信頼をよせていた。安永は『安藤昌益』で、「昌益の治療観を特色づけているものは、自然治癒力に対する、楽天的なまでの、徹底した信頼であり、身体の真気（生命力）の治癒にはたす役割への限りない確信である。」と書いている。

昌益は医者としても自然を絶対的に信頼していたのだ。

そして二点め、ノーマンは、日本には「医は仁術」であるという考え方があったとしてこう書いている。

なお、医学にはもう一つ、昌益に直接関係があったかもしれない側面がある。すなわち、東洋には、医は仁術なりとして人のために滅私的な奉仕をする伝統があり、これから医師が天下国家の形勢を洞察するという観念が生まれた。

「医は仁術」と「滅私的な奉仕」はすぐにむすびつかないし、「滅私的な奉仕」がどうして「転下国家の形勢」の洞察にいたるのか、私にはよくわからないが、私はこう解釈する。仁術とは仁徳をほどこすことである、つまり人をいつくしむことによって人を幸福にすることだといえるのではないか。そうだとすれば人を幸福にするためには、それらの人が属している社会がそれらの人の幸福を妨げるものなっていないかを洞察しなければならない。人を診ることは社会を診ることなのだ。

昌益とほぼ同時代の思想家、三浦梅園、本居宣長この三人の思想、めざしたものは異なっているが、共通しているのは儒学、特に朱子学に対する懐疑である、当時の封建制社会を支えている思想に対する懐疑である。

つまり、この三人の医者は人体を診断する医者であったが社会を診断する医者でもあったのだ。とくに昌益は他の二人よりも社会を診る医者としての性格が強かった。そして、その診断は昌益がさまざまな点でより厳しい東北の農村に身をおいたこともあって過激なものとなったのだ。

これまで昌益の思想の形成過程について論じてきたが、彼の思想の集約である『自然真営道』については、どういう書物であるか実は私たちはわかっていない。

全百巻のうち現存しているのは十五巻だけである。残りの大部分の巻は医術にかんするタイトルになっているらしい。だとすれば『自然真営道』は医学書だったということもできるかもしれない。

医学書であると決めつけてしまえば、昌益が医者であったことに注目する、などといったことは当たり前のことで何の意味ももたない。しかし、完全に現存している『統道真伝』が『自然真営道』のダイジェスト版だとすれば（『自然真営道』と『統道真伝』の関係については、諸説あるが、ここではふれない。）、『統道真伝』は既存の思想の批判の書であり医学書とは言い難いから、『自然真営道』も医学書というよりは、やはり思想批判の書だといっていいだろう。

そうだとすれば、その批判精神は、人体と社会を診る医者であったことによって培われたものといっていい。

第三章　「危険な思想」とは何か

これまで安藤昌益の思想がどういうものであるかをかんたんになぞってきた。昌益についてはこれまで多くの研究書、論文が刊行されているので、昌益の思想についてはこれぐらいにして、次に狩野亨吉と安藤昌益のかかわりについて述べてみたい。

ノーマンと昌益

亨吉と昌益の「かかわり」という言葉を使ったが、二人は別の時代の人であったので、もちろん接点はない。しかし私にはこの二人は繋がっているように思えてならないのだ。

狩野亨吉の最大の功績は安藤昌益の発見であるといわれている。私は先に亨吉がデータベースの構築の重要性を提唱していたことを書いた。

それもまた亨吉の功績であることを強調したいのだが、いまはそれはさておいて、ここでは亨吉の最大の功績は安藤昌益の発見であるといわれていることについて論を進める。

亨吉が昌益を発見したのは偶然である。江戸時代の思想家について資料を集めていたわけではない。とにかくジャンルを問わず、ただひたすら古書を集めていただけであって、なじみの古本屋が持ち込んできたのが『自然真営道』であったのだ。しかし私にはそれがたんなる偶然とは思われない。『自然真営道』という書物が自らの意思で亨吉のところにやってきた、あるいは、亨吉が昌益を発見したのではなく昌益が亨吉を発見した、そんな気がするのだ。

このセクションの冒頭に「この二人は繋がっているように思え」ると書いたのはそういう意味である。これについてはまたあとでふれるとして、「発見」の話である。

ただたんに発見したことが亨吉の功績ではない。東北地方の方言もまじえたわかりにくい言葉で書かれ、独特のターミノロジーを用い、やたら繰り返しの多い、思想から宗教から歴史から医術やら幅広い分野に渡って言及されている膨大な量の冊子を読み込んで、著者の思想の本質を把握しそれを紹介したのが功績なのだ。

そして昌益の紹介といえば、一九五〇年に出版されたハーバート・ノーマンの『忘れられた思想家』についてふれないわけにはいかない。この書物が刊行されたことの意義は非常に大きい。昌益の名が初めて世に出たのは明治四十一年である。『内外教育評論』に「某文学博士」の談として「大思想家あり」というタイトルで発表されたのだが、「某文学博士」とはもちろん狩野亨吉のことである。亨吉が『自然真営道』を入手したのは明治三十二年であるから九年が経過している。そして昭和三年に岩波の「世界講座」に今度は狩野亨吉の名前で『安藤昌益』が発表された。昭和五年には渡辺大濤が『安藤昌益と自然真営道』を出版したが、安藤昌益の名前は一部の知識人のあいだにのみ知られただけだった。安藤昌益という名前が広く知られるようになるには昭和二十五年（一九五〇年）のハーバート・ノーマンの『忘れられた思想家』の発刊まで待たねばならなかった。これが学術論文ではなく岩波新書であったことで学者以外にも読まれることになったのだ。したがって、昌益の発見者は享吉なのだが紹介者はノーマンであるといっていい。

ノーマンの著書のタイトルは「忘れられた思想家」となっているが、私にいわせれば、忘れられたのではなく、そもそも存在を知られていなかったのだから不適当なタイトルなのだが、もしノーマンがとりあげていなければ、昌益は本当に「忘れられた思想家」になっていたかもしれなかった。

ノーマンのはたした役割も享吉の功績と同様に評価されるべきである。

ではなぜノーマンは昌益について本を書く気になったのか。三浦忠司は『八戸と安藤昌益』で次のように述べている。

　ノーマンがこの書で言わんとしたことは、「日本封建制に対してはっきり敵対的態度」を示しているのが、日本の歴史上ただ一人安藤昌益だけであったこと、その思想が「日本の東北の片寄った土地」に生まれたということでした。敗戦直後の日本において民主的な思想は日本には育っていないという風潮に対して、すでに江戸時代に昌益という民主的な革命思想家が、この東北の片隅にいたのだということを日本人に知らせた意義は大きかったのです。

そして、このあとに、狩野亨吉が「昌益を長い歴史の闇から現代によみがえらせ」たが、それは一部の知識人が知るのみであって、ノーマンの著作が発行されることによって昌益が広く一般に知れ渡ることになったのだとしてからこう続けている。

日本に広めたノーマンの功績は大きいものでした。ちょうど日本は戦後民主主義が大きく高まっていた時期であったので、昌益は革命思想家として大きくクローズアップされ、日本国中をたちまち魅了しました。

三浦は昌益に「革命思想家」というレッテルを貼っているが、これは誤解をまねく可能性がある。「革命思想家」というと、たとえばレーニンのような暴力革命の理論的指導者を連想してしまうが、ノーマンはそうは言っていない。ノーマン自身の言葉を紹介しよう。

『忘れられた思想家』は「日本にはこれまで独創的な思想家がでなかったという説をなす人が西洋人のなかに、それも特に日本の文化や歴史について多少の知識をもった西洋人のなかにしばしばある。」という文で始まっている。それで彼は安藤昌益を紹介し、昌益が「大胆にして独創的な精神の持ち主であったことを証明してみたいと思う。」と書いている。つまり、日本にも独創的な思想家はいたのだ、ということを西洋に知らしめるのが本書の目的だと言っているのだ。

ではノーマンのいう昌益の独創性とはどんなものか。あえて一つとりあげれば、それは封建制度に対する批判ということになるだろう。このことについては多少の説明を要する。ノーマンは自分なりの問題意識をもっていて日本の歴史を研究していた。ヨーロッパの歴史は自由の獲得、経済的自由、精神的な自由、とにかくありとあらゆる自由の獲得のための闘争の歴史だったといってもいい。ノーマンはカナダ人であったが、いや、カナダ人であるからこそというべきかもしれないが、彼の思想的バックグラウンドはヨーロッパの教養であるから、専制権力と抑圧に対する反抗の歴史こそがノーマンにとっては評価される歴史なのだ。そういう視点から彼は明治以前の封建日本に抑圧に反抗する思想がなかったかを探していたのである。ところが「結局日本には封建支配に対するさまざまな抗議があったという証拠は多いけれども、それを意識的に批判した著書は政治論も文学も明治維新以後までは出なかったのだという理由をつけて、私は探すのをほとんどやめてしまっていた。」とノーマンは書いている。

日本の歴史はヨーロッパの歴史とは異なっているのだ、抑圧に対する反抗という力強い崇高な意思に欠けた歴史なのだ、いったんはそう考えたかもしれない。

しかしノーマンは安藤昌益に出会い、昌益のことを調べ、昌益こそが彼が探し求めていた思想家だったことを確信したのだ。『忘れられた思想家』の第三章にノーマンはこう書いている。

昌益は伝統的封建勢力の崩壊をそれとなく感じていた人民の直観を明晰かつ正確な言葉で表現した最初の思想家の一人として、そこにあったのである。

同様な表現は第七章にも出てくる。

昌益は徳川時代の日本社会を客観的かつ批判的に観察し、それを解体しつつある体制と見たただ一人の社会政治思想家であったと私は考えたい。

「解体しつつある体制」は「解体されつつある体制」としたほうがいいような気がするが、それはさておいて、昌益が封建制度を認めていなかったことをノーマンは強調している。昌益は儒教も仏教も何もかも認めなかったが、特に封建制度を批判したことがノーマンをとらえたのだ。そのことはノーマンの著書のタイトルに如実に表れている。私は先に「忘れられた思想家」というタイトルは不適当だと書いたが、実は原題はAndo Shoeki and the Anatomy of Japanese Feudalismというのだ。文字どおり訳せば「安藤昌益と日本封建制度の解剖学」、あるいは「安藤昌益と日本封建制度の構造」となるだろうか。これがどうして「忘れられた思想家」と訳されたのか。おそらく新書という性格上、かた苦しい学術論文のようなタイトルは避けられたのだろうと思われる（「訳者例言」には「日本語版の表題は原著者の意見に基づいて決めたものである」とある。）。それはともかくノーマンの意図は原題からもわかるが、昌益が日本封建制度にどのように対峙したのかをあきらかにすることだったのだ。

彼は昌益が農業を重視することによって封建制度を批判したといってこう書いている。

昌益の重農論の最も独創的な特徴は、かれの時代のどの思想家とも異なって、武士を全く無用な怠け者、社会的に何ら有用な機能を行わない単なる穀潰しであり、したがってかれの改革案では何らの役割をもたない者として排撃したところにある。これこそ実に昌益の思想の本質であり、それは大体において独立農民からなり武士階級の存在しない農本民主主義である。職業軍人からなる大常備軍の必要なき社会を招来するこの綱領は今日ではただに合理的であるばかりでなく実現しうるものと思われる。それがはじめて提唱されてから二百年の歳月をふり返るならば、それは大胆にして創意に富み、しかも本質において現実的な精神にしてはじめて構想しえたものであった。

「職業軍人からなる大常備軍の必要なき社会を招来するこの綱領」が今日でも実現可能だというのは少し飛躍があるような気がするが、この引用の前半部分がノーマンの導き出した昌益の思想についての結論であるといっていい。

つまりノーマンは昌益を封建制度を批判した社会改革者と規定したのだ。

「危険な思想」の本質

このノーマンの規定は実は亨吉の規定である。先にも引用したが、亨吉は『安藤昌益』で、昌益が「至る処に五行論を振廻す」のは残念だが当時にあってはしかたがなかったといってから、「そこで私は此以上奇説や罵倒を聴くことを止め、**彼の尤も重きを置いた救世観**を説明し終わったところで、一寸その概評を試みる。」（ゴチックは庄司）と書いたのだった。そして「救世と云う語は陳腐ではあるが、其実は今日の改造である。」と説明している。つまり昌益は社会の改造を最も重視したというのだ。もし亨吉がただたんに変わった本がありますよと昌益の著作の存在を知らしめるだけに終わっていたらノーマンはこの本を書かなかっただろう。

彼は亨吉の『安藤昌益』に触発されて昌益を研究する気になったのだ。

先に安永寿延が、亨吉は「昌益の社会思想における反封建性を評価し、陰陽・五行説は昌益思想における、おしむべき否定的な側面であるという、一種の偏見をのちの昌益研究者にうえつけた。」と亨吉を批判したことを紹介した。繰り返しになるが、これは「偏見」ではない、亨吉だからこそ発表できた卓見である。もし、昌益の社会思想における反封建性を無視し、陰陽・五行説との格闘を強調すれば、昌益を研究してみようという人はほとんどいなかっただろう。

私はこれまで、亨吉が昌益を発見したのはたんなる偶然ではないと何度も書いてきた。亨吉が昌益の思想の本質を看破することができたのは、もちろん亨吉が漢文のすぐれた読み手であったことに加え、亨吉が昌益の思想に、おそらくノーマンもそうであったと思われるが、共感できたからだと私は考えている。そのことを私は、先に、亨吉が昌益のなかに自分を見出したのだ、と書いたが、これは年甲斐もないやや情緒的にすぎる表現だったかもしれない。亨吉は昌益の思想のどこに共感したのか、そのことを詳しく探ってみて拙い表現を補うこととしたい。

大正二年に享吉が皇太子（後の昭和天皇）の教育係に推薦されたときに「自分は危険思想の持ち主だから」と言って辞退したという話は先に書いた。問題はこの「危険思想」の内容なのだが、あまり深く考えなくてもいいという見方もできるかもしれない。というのはその年に東北大学の総長にという話も断っているからだ。彼は明治四十一年に京都大学を辞しており、そのときにもう二度と宮仕えはすまいと決めていたのだろうと思う。宮仕えなどもうこりごりだ、ばかばかしい、というのが彼の本音だったのではないか。しかしストレートに本音を言うわけにもいかず、「危険思想の持ち主だから」という方便を使ったことも考えられる。

おそらく方便も少しはあるのだろうが、やはり心底では自分の思想には反社会的なところ、危険思想があると思っていたにちがいない。それは「無政府的虚無主義に近いもの」だという鈴木正の説は先に紹介したが、私はそれは、より具体的にいえば皇室、天皇制に対する享吉の考え方だったと思う。皇太子の教育係という話があったとき享吉の脳裏には『自然真営道』が浮かんだのではないか。『自然真営道』ではもちろん日本の皇室、天皇陛下が俎上にあげられて非難されているわけではない。しかし、昌益は直耕していない者はすべて天道を盗む者だと非難したのだから、天皇もまた昌益の非難の対象にならないはずがない。それに昌益は皇族である聖徳太子を仏教を導入したという理由で激しく批判している。そして『自然真営道』の「私法神書巻」では先に紹介したように三種の神器の説は誤りだと断じているのだ。さらに和歌を詠むことも淫乱のはじめで直耕の道を失わせるものだと言っているのだ。
明治天皇は生涯で十万首の和歌を詠んだといわれている。もちろん昌益はそんなことは知らない。そして昌益の生きた時代は天皇は政治権力から遠いところにいたから三種の神器などインチキだと非難しても、大問題にはならなかったかもしれない。それに江戸時代の天皇については昌益はほとんど真剣には考えていなかったのではないか、彼の論を検討すれば結果的に天皇も非難の対象にならざるをえないのだが。しかし亨吉の生きた時代は天皇は神聖不可侵の最高の政治権力者であったのだ。
ノーマンは『忘れられた思想家』の第四章「封建制の批判」で次のように書いている。

次の一節では、三種の神器に対する迷信的な畏敬の念を揶揄し、アマテラスに祈る慣行を非難している。他のところはともかくもこの一節だけでも、明治維新以後の時代には昌益の著作の公開禁止に終わったかもしれず、狩野博士が昌益の発見に際して慎重を期せられたのも肯かれる。

ノーマンは「他のところはともかく」と書いているが、私は昌益が和歌を詠むことを非難したことも三種の神器のことと同じように重要だと考えている。ノーマンが歴代の天皇が歌を詠むことを知らなかったとは思えないので、そのような文化的習慣よりも政治権力の掌握の正当性の根拠が揺らぐことの重要性をより重視したのだろう。それはさておいて、ノーマンの指摘を待つまでもなく、亨吉の時代には昌益の思想は危険思想以外の何物でもなかったのだ。

もちろん、昌益を無視してしまえば、最初はそう思ったように、狂人の書、としてかたづけてしまえば何ら問題はなかった。しかし、世に知らせる価値があると判断したのは、亨吉が昌益の思想に共鳴するところがあったからにほかならない。亨吉もまた昌益の「危険思想」に共感していたのだ、「危険思想の持ち主」であったのだ。

亨吉が『安藤昌益』を発表したのは昭和三年である。皇太子の教育係の話があったのは大正二年であるから、まだ昌益を紹介したことは公には知られていない。

しかし、明治四十一年に匿名ではあるが『大思想家あり』を発表している。いくら匿名といっても、一部の知識人の間ではそれが亨吉であることは知られていただろうし、「大思想家」と持ち上げているのだから、だれしもが亨吉が昌益の思想に共感していると思うはずだ。それに亨吉自身も、昌益の紹介者が天皇家の教育係では具合が悪いと思ったことだろう。

しかし、亨吉が『安藤昌益』を発表しても、亨吉が危険思想の紹介者の発見のレッテルを貼られることはなかった。先にも書いたが、宮内省は昭和六年に御講書始めの講師に亨吉を選定しているのだ。亨吉はこれもまた辞退しているのだが、昌益の思想についての講義を天皇の前ではさすがにできないにしても、亨吉なら他のテーマでいくらでも講義できたはずだ。それをしなかったのは、もう一市井人として生涯を終えるつもりでいたから学者として箔をつける必要がないと考えたからだろう。
でも、やはり昌益の思想に共感するところもあったのではないかと私は考えている。『自然真営道』は大正十二年の関東大震災で焼失してしまったが、二年後の大正十四年に『統道真伝』が発見されている。亨吉はこれを「幾分損失を恢復した様な気」で、たぶん熱心に、読んだのだ。『統道真伝』の「糺聖失巻」には不義は刑罰に処せられる、「妻が夫以外の男と交わるのを鳥獣のごとくであるとし、これが露見に及んだときには妻女を殺すのが法であると教えている。」という記述があり、さらにこう続けられている。

しかし、その聖人は、上にいて自分一人のために妻妾の二女をもうけてこれと交わり、また官女と称して数十人、数百人の女を抱えてこれと交わっている。自然の天下を自分の私有物と心得て、これを他人の子に与えることを恐れ、自分の子を得るために多くの女と交わって、多淫にふけっているのである。これが人道においてあるべきことであろうか。

非常に興味深い記述である。
私はこの部分が昌益の思想のエッセンスであり、危険な思想の危険たるゆえんであると思う。私などは子孫を残すということは生物の本能であり、ごく自然なことだと思うのだが、昌益は、自分の所有物を他人に与えたくないために、つまり財産を自分の子に相続させるために子を得ようとするのだという。今までに、このようなことを考えついた人はいないのではないか。昌益は「聖人は」と書いているが、彼の脳裏にあったのは各地の封建領主であり、そしてその頂点に立つ徳川幕府、将軍家であっただろう。

そうだとすれば、それは享吉の時代にあっては当然天皇家である。

明治天皇までは側室を置いていた。大正天皇は側室の子である。大正天皇は貞明皇后とのあいだに若くして四人の男子をもうけたので側室を置く必要はなかった。昭和天皇の子は四人続けて女子だったので、周囲は側室を置くことを勧めたが、昭和天皇は「良宮でよい」と言って、華族から女腹と陰口をたたかれた香淳皇后をかばい、側室を置くことを拒否したという。

つまり、享吉の後半生には、まだ皇室典範には明記されなかったものの、天皇が側室を置くことはなくなっていたのだが、『統道真伝』のこの一節は享吉の記憶に残っていたのではないだろうか。そうだとすれば、そしてその思想に共鳴していたとすれば、たとえ昌益以外のテーマであったとしても、天皇陛下を前にして講義するのは気がひけたのだと思う。

鶴見俊輔は『日米交換船』(二〇〇六年　新潮社)における対談でノーマンの昌益研究について話している。

ノーマンには『忘れられた思想家―安藤昌益のこと』(一九五〇年、大窪愿二訳、岩波新書、上・下)という著書がある。ノーマンがいなければ、安藤昌益は日本の読書人がふつうに知っている名前にはならなかった。ノーマンはもちろん、狩野亨吉による安藤昌益論を読んでいる。狩野亨吉は、漢文の読みは非常にしっかりしているだろうけれど、ノーマンの場合、昌益の置き方が違うんだ。日本史のなかだけじゃなくて、少なくともヨーロッパの同時代史と比較している。ルソーやディドロとの比較ができている。そこから考えると、昌益のほうが早い、昌益のほうが農民のなかに根差している。ノーマンによると、世界史のなかでの昌益の位置は非常に高いんだ。

鶴見がなぜ『日米交換船』という書物でノーマンについて言及しているかというと、鶴見もノーマンも交換船でそれぞれの故国に帰還したからである。交換船について説明しておこう。戦争が起こっても互いの敵国に自国の市民が居住していることはよくあることなので、戦争が本格的になるまえにそれらの市民を故国に送還することになる。太平洋戦争勃発時にもこれが実施された。一九四二年の六月一八日にアメリカのグリップスホルム号が当時ハーバード大にいた鶴見俊輔、都留重人らを乗せてニューヨークからモザンビークのロレンソ・マルケス港に向かっている。一方日本では、六月二五日に浅間丸が当時カナダ大使館の語学官であったハーバート・ノーマンらを乗せて横浜からロレンソ・マルケス港に向かっている。両船はそこで乗客を交換してニューヨークと横浜に帰った。これが第一次日米交換船である。ロレンソ・マルケス港で旧知の友人であったノーマンと都留重人はすれ違って言葉を交わすのだが（これがあとで大問題となるのだが、そのことについては本論のテーマからはずれるのでここではふれない)、鶴見とノーマンは実はそこでは会っていない。鶴見は後に都留重人からノーマンのことを聞き、その思想に触れるようになりノーマンを高く評価することになる。たとえば前掲『日米交換船』でこう語っている。

ノーマンの仕事は、『日本における近代国家の成立』、『日本の兵士と農民』、『安藤昌益』など、近代日本の歴史を、世界史のなかで見る研究として、世界の歴史家の眼をひらき、日本の歴史家の眼をひらいた。

ノーマンに私が会ったのは、わずか二度ほどにすぎないが、交換船で行きかった向こう側の人として、この人がいることを忘れない。

そして、「ハーバート・ノーマンの全集が出版されているのは、日本だけである。カナダとアメリカ合衆国では出ていない。これから後、どんなに困ったことが起こるとしても、このことを戦後の日本はなしとげた。」と書いている。「どんなに困ったことが起こるとしても」とはどういう意味か。読み続けていくとなんとなくわかってくる。

二〇〇五年現在、日本人は、朝鮮併合、日中戦争、大東亜戦争を忘れようとしている。敗戦後に日本政府のかかげた平和立国、文化立国の理想は、見捨てられた。その陰にあって、『ハーバート・ノーマン全集』全四巻が日本語版で日本社会に送られたことを喜ぶ。

つまり、鶴見のいう「困ったこと」は日本の右傾化を指しているのだろうと思われる。その傾向にノーマンの思想が歯止めをかけてくれることを鶴見は期待しているのだろう。私はノーマンの著作は『忘れられた思想家』しか読んでいないので、彼の思想の全貌については語る資格はないが、それでもノーマンが平和主義者であったことは想像できる。

私は先に、ノーマンが、昌益の思想の本質は武士階級の存在しない農本民主主義である、として「職業軍人からなる大常備軍の必要なき社会を招来するこの綱領は今日ではただに合理的であるばかりでなく実現しうるものと思われる。」と書いたことを紹介した。これだけでも十分なのだが、もう一つ紹介したい。『忘れられた思想家』の最後の部分にはこう書いてある。

何よりも、昌益は、平和を愛し、平和を求める人であった。したがって武力を否定する正しい意味での文明人 civilized man であった。

訳者の大窪愿二が、「文明人」と訳した原語をあえて示している。civilized の意味は第一義的には、野蛮な状態から文明化された、教化された、ということだが、教養のある、とか、洗練された、あるいは、礼儀正しい、という意もある。昌益の文章は粗野で無骨でとても洗練されているとはいえない、そしてほとんど罵詈雑言に近い論鋒はお世辞にも礼儀正しいとは言えない、野蛮な文体の外観はおよそcivilizedからはほど遠い。

それでもノーマンがこの言葉を使ったのはその思想の内容についてなのだ。

工藤美代子は『スパイと言われた外交官　ハーバート・ノーマンの生涯』（二〇〇七年　ちくま文庫）で、カナダの哲学者チャールズ・テイラーが、ノーマン描くところの安藤昌益像には、はっきりと著者の自己投影があると指摘していることを紹介している。つまり、武力を否定し、平和を愛する人はノーマン自身でもあったのだ。civilizedという外観からはおよそほど遠い昌益をcivilized manと断じることができたのはノーマン自身が武力を否定するcivilized manであったからにほかならない。亨吉と同様ノーマンもまた昌益に自分自身を見出したのだ。そして彼らの思想は、やがてはノーマンの身を滅ぼしてしまう、やはり「危険な思想」であったのだ。

ノーマンはカナダのエジプト大使であったときに、アメリカから、共産主義者であった、ソ連のスパイであった、という疑いをかけられて自殺してしまう。その経緯等についてはここでは詳しく書くつもりはないが、アメリカにおける一九五〇年代のマッカーシズム、いわゆる赤狩りが、共産主義者イコールソ連のスパイだと決めつけたばかげた狂気が、少なからぬ人々を必要のなかった死に追いやったということだけは言っておきたい。ノーマンはケンブリッジの学生時代に共産党に入党している。しかしそのことは彼が確固とした共産主義者であったことを意味するものではない。それはその後の彼の外交官としてのカナダ政府への貢献をみればあきらかである。当時のインテリにとって若いころに社会主義、共産主義の思想に染まるのは珍しいことではなかった。日本でもそうであった。戦後の日本経済の高度成長に貢献したビジネスマンの中には以前共産党に入党していた人もいたのである。私より少し年上の旧帝国大学の経済学部の卒業生は大半がマルクス経済学を学んでいるはずである（私もマルクス学徒であった）。

しかし、彼らは会社に入れば猛烈社員として資本主義経済の発展に貢献したのだ。

当時のアメリカ上院国内治安小委員会もノーマンがもう共産主義者としては活動していないことをおそらく知っていたと思われる。それでも彼を執拗に追及したのは、鶴見によれば、中東事情をめぐるカナダの外交戦略がアメリカの気にさわったからだという。

私も鶴見の見解を支持する。

ただし、そうはいっても、ノーマンの著作が共産主義と無関係かというと、あきらかにそうではない。それは鶴見のような人が彼を高く評価していることからもわかるし、彼は羽仁五郎や平野義太郎から多くの影響を受けているのだ。そして『忘れられた思想家』にも、さきに紹介したようにノーマンの社会主義的、共産主義的思考が散見される。

社会人としての現実の行動は共産主義と無関係であったが、精神的には共産主義者であったといわれても完全に否定はできないだろう。

亨吉と唯物論

安藤昌益の研究はノーマンの非業の死には直接的にはもちろん関係ないが、昌益を研究することによってノーマンのある思想がより確固になったとすれば、昌益の思想はノーマンに何らかの影響を与えたと言っていいだろう。ではノーマンに昌益の存在を知らせた亨吉は昌益から何らかの影響を受けたのだろうか。亨吉の研究者は昌益が亨吉の思想に大きな影響を与えたと見ているようだ。例えば、青江は『生涯』で、亨吉が皇太子の教育係にという話を「自分は危険思想の持ち主だから」といって固辞したことを紹介してからこう書いている。

この〝危険思想〟は、安藤昌益によって注ぎこまれたものであったと、亨吉を論ずるひとたちの例外なく指摘するところだが、それにも私は異論はない。

別のところで青江は亨吉が京都大学を辞した理由について、内藤湖南の教授就任を認めなかった官僚機構に嫌気がさしたからだとしてからこう書いている。

それに対する亨吉の反感と呪詛には安藤昌益によって激発されたものが多分にあったとしてあやまりはない。

また川原衛門は『追跡 安藤昌益』で、享吉が京都大学を辞して後官職につかなかったことの理由についてこう述べている。

知識人として最高の経歴を持つ彼をして、輝かしい大学長の椅子をはなれて古本蒐集に生きる決意をなさしめた最大の要素は、彼が発掘した九十二冊の稿本にありと言えなくもないし、彼の性格に潜在していた昌益的な人生観・社会観が、『自然真営道』によって触発されたとも言えよう。つまり、彼は昌益の発する何かにあてられてしまったのであろう。

鈴木正は『思想』の「隠れて生きた狩野亨吉」で、「世俗の名聞を立ち、書画の鑑定を業としたその後の生活はエピクロスがとなえた「隠れて生きよ」という信条を地でゆくものであった。」と書いてからこう続けている。

このような生き方を狩野がするようになった動機に、ある歴史上の人物との出会いが考えられる。戦後の教育を受けた人は、中学の教科書に封建制度に対する徹底的批判者として安藤昌益の名があがっていたことを思いだすだろう。

川原も鈴木も亨吉の後半生の生き方は昌益の影響を受けていると言っているのだが、私にはそうは思われない。もちろん影響がまったくないとは言わない、しかし、川原や鈴木は、昌益に出会わなければ亨吉は、古本屋の親父や鑑定業などせず、ずっと官職についていたはずだ、と言っているような気がするが、はたして亨吉はそこまで昌益の影響をうけたのだろうか。

たしかに昌益の思想に共鳴するところはあったと思うが、それが亨吉の生き方まで変えたとは思われないし、思想の転向があったとも思われない。

そもそも亨吉には自分自身を規定する思想はなかったのではないかと思う。たとえば青江は、亨吉のいう「危険な思想」とは共産主義であったとして、「すでに一高の校長時代、徳風会の学生たちのための講話の原稿に〝共産主義社会はやがて実現すべし〟と書かれているのを見ている」と書いている。また、鈴木は前掲「隠れて生きた狩野亨吉」で、「安藤昌益には『自然真営道』や『統道真伝』という著述がある。このなかでいっていることは、狩野の世界観に強い影響を与え、彼を唯物論者にした。」と書いている。鈴木は亨吉が唯物論者であったと言っているのであって共産主義者だとは言っていない。唯物論が直ちに共産主義に結びつくものではないが、日本ではマルクスの史的唯物論の影響があって、唯物論者イコール共産主義者と解釈されている。

おそらく、鈴木は、「共産主義」という言葉を出してはいないものの、亨吉は昌益を読んだことで共産主義者になった、ということを暗示しているのだと思われる。

鈴木の『思想』の「鑑定理論—具眼者の論理」には亨吉が『鑑定の意義効力特に書画の鑑定に就いて』と題する草稿で、「いかにもかの金臭を去るためには共産制を下剤として用ゐるが、尤も有効と思はれる。」と書いていることが紹介されている。「金臭」とは何か。

私はこの草稿を見ていないので前後関係は不明だが、この箇所の前に、「凡そ政治の腐敗と云ひ、総ての社会的腐敗は帰着するところは個人の腐敗である。個人の腐敗は何によるかを知らんと思はば、腐敗したる人心を解剖して見るより外の道はない。解剖の結果必ず金臭を帯びたる何物かを発見する。」とあるらしい。とすれば、個人の腐敗は、金の臭い、金銭欲という意味だと思われる、が原因だから腐敗を取り除くには共産制という薬がもっとも効きめがある、と読める。こう読むと、たしかに亨吉は共産主義者であったかのように見える。しかし、社会の腐敗は個人の腐敗が原因だとする考え方は、社会の生産体制を問題とする伝統的な共産主義とは少し異なっている。そして社会の問題を個人の問題に収斂させる考え方は昌益のそれとは隔たりがあり、昌益の影響を受けたとは言い難い。

では伝統的な共産主義の一つであるマルクス主義について亨吉はどう考えていたか。実はよくわからない、社会思想にかんする彼自身の著述がほとんどないからだ。ただし、『科学的方法に拠る書画の鑑定と登録』にはマルクスについて言及しているところがある。


近頃此考を以て最も勢力を張ったものはマルクスである。彼の主張は唯物史観に基づくと云う所に、科学的の方法を取入れたと見るべきものがあり、反対者も又他山の石として研究すべきと思うのであるが、彼の徒の実際の行動を見れば科学者の冷静にして謙遜なる態度を缺いているのみか、反対に熱狂して暴戻なる運動を敢えてするのであるから、結局マルクスの徒は彼等の最も忌嫌うところの宗教家の亜流に過ぎないと見做されても仕方があるまいと思う。マルクスを御祖師様として尊信する有様を見ても、たしかに宗教家の態度に類している。惜しむべきことである。

前段ではマルクスの唯物史観を科学的であるとして評価しているが、後段では宗教の亜流だと手厳しい。これではマルクス主義者とはいえないだろう。

それでもやはりよくわからないところがあって、亨吉はこのすぐあとに、「私も科学的方法に拠ると云うからには矢張唯物史観に立つものであり、また現在に満足せず、不合理なるところを改善しようとする心も持っている。」と続けているのである。

亨吉は「唯物史観に立つ」と明言しているが、彼はマルクスの『経済学批判』を読んでいたのだろうか。彼がこの分野に関心があるとは思えず、読んだのかどうかは不明だが、何の知識もなしにこのようなことを言うはずはないから、唯物史観がどのようなものであるかは知っていたのだと思われる。

推測であるが、おそらく、人間社会にも自然と同様に客観的な法則が存在しているというマルクスの主張に、物理学しか認めない亨吉は、自然科学に近いものを感じたのではないかと思う。しかし、『経済学批判』で展開される「社会の発展は、その社会のもつ生産力の発展によって引き起こされる」とか、「生産力が発展すると従来の生産関係とのあいだに矛盾が生じ、生産関係が変化、発展する、これが歴史を動かす力である」というような主張には同意したかもしれないが、「ある生産関係の形態が生産力の発展を助けず、その足かせとなるときは革命が起こる」という主張にまでは同意しなかったのではないだろうか。

つまりマルクスは評価していてもマルクス主義者とは一線を画していたのだ。

青江は『生涯』で、唯物論研究会主催の「狩野博士に訊く」という座談会での亨吉の発言の一部を紹介している。唯物論研究会は昭和七年にマルクス主義者の哲学者によってつくられた研究会であるが、おそらく、亨吉の「唯物史観に立つもの」であるという発言に着目したのだろう。それで亨吉を自分たちの陣営に引き入れようとしたのかもしれない、公職を退いたとしてもまだ亨吉は利用価値があったということだろう。あるいは虚心坦懐に当代の碩学から唯物論についての教えをこいたいという気持ちもあったかもしれない。

しかし、いずれにしても議論はかみあわず、唯物論研究会のねらいは実現していない。

青江は、「狩野博士に訊く」というタイトルが気にいらないといちゃもんをつけている。「訊く」というのは警察の尋問のようで無礼だというのだ。そして、そもそも、亨吉がこの座談会に出席するのが乗り気ではなかった、「飯までごちそうになった」からいやいや出席したのだと書いている。青江が指摘しているように亨吉はマルクス主義者が期待する唯物論者ではなかったのだ。そして鈴木が指摘した、「昌益の影響で亨吉が唯物論者となった」というのも誤りである。

亨吉が唯物論者であるというのは、物理学以外学問として認めない亨吉にとっては、ある意味で当然である。つまり自然科学の学徒を称する以上、唯物論を支持せざるをえないというのが亨吉の立場であって、昌益を読んだから唯物論者になったのではない。

昌益を知るまえから唯物論者だったのだ。

そして伝統的な共産主義者ではないにしても、その一部に共感することはあったと思うが、それも昌益とは直接関係はない。共産主義的な思想があったとすれば、それは亨吉がもともと身につけていた人道主義に基づくものだと思われる、あるいは権力を胡散臭いものと感じてそれから遠ざかろうとした亨吉の生来の性行からきているものだろう。

昌益は争いごとを好まなかったという。亨吉は『安藤昌益』で「彼曰く、争う者は必ず斃れる。斃れて何の益があろう。故に我道には争いなし。我は兵を語らず。我戦わず。」という昌益の言を紹介している。ノーマンもこの箇所を引用し、昌益は平和主義者であったとしている。人と争うことを好まないというのはまた亨吉の資質でもあった。昌益にも亨吉にも共通する、この争いを好まないという気質は、軍拡主義者にとっては「危険な思想」なのかもしれない。

では、この争いを避けるという亨吉の「危険な思想」は昌益を読むことによってえられたものであろうか。たぶんそうではない。先に、亨吉が一高の校長のときに、競争の利益を認めることができないという理由で対外試合を禁じた、という話を書いた。亨吉が『自然真営道』を入手したのは一高校長に就任してまもなくのことだったので、それを読んで触発されて、他校と争うのはやめろと言った可能性はないこともない。おそらくそうではなく争うことを好まないのは亨吉の生来の気質だったのだ、先に亨吉の小学校の教師が彼にあてた手紙を紹介したが、そのなかに「平生沈黙、**人と争わず**、その器量はまことに大きい。」（ゴチックは庄司）とあったように。

そして、この「争いを避ける」性向の延長にあるのが後半生の軍国主義批判だ。この軍隊嫌いも昌益の影響ではない。先に、亨吉が四高時代に砲兵の発火演習の見学に参加しなかったことを書いたとおり、このような性向は昌益を読む前から備わっていたのだ。

亨吉について語るとき昌益との関係を抜きにして話を進めるわけにはいかない。それで私も一章をもうけて昌益の思想についてふれたのだが、これまでの亨吉と昌益の関係にふれた文献によくみられる、亨吉が昌益から多大の影響をうけたという説には私は疑問をもっている。繰り返しになるが、亨吉の後半生の生き方や思想は昌益を読むことによって決定されたものではない。

亨吉自身の思想に昌益と共通するところが多くあったのである、それが昌益の発見、評価につながったのだ。

二人に共通する思想、それは亨吉の言葉をかりれば「危険な思想」なのだが、それは故郷喪失者の思想であるといっていい。昌益の前半生は不明なので故郷喪失者とは断定しかねるところはあるし、故郷にどのような感情をもっていたかは不明だが、故郷に戻ったのは晩年であるらしいから、故郷喪失者といっていいだろう。昌益を高く評価し、昌益の名を広く知らしめることに貢献したハーバート・ノーマンもまた故郷喪失者であった。彼はカナダ人宣教師の子供として軽井沢に生まれ、長野で育ち、神戸のカナディアン・アカデミーで学んだのだから、彼の故郷は日本だといえる。しかし彼自身は日本は、研究の対象ではあっても、故郷だとは思っていなかったのではないか。彼はカナダのトロント大学を卒業しているが、ケンブリッジとハーバードでも学んだ。一時は大学で教えることも考えたようだが、彼が希望したのはカナダの大学ではなくケンブリッジであった。結局ノーマンはカナダ外務省に勤務するのだが、戦後は日本でアメリカのGHQとともに戦後処理に従事し、後にエジプト大使になるなど、ほとんど「外国暮らし」であった。ノーマンの真の故郷はどこだったのだろう。

またまた繰り返しになるが、ノーマンも亨吉も昌益の危険思想に自分自身を見つけたのだ。亨吉は昌益の発見者ということになっているが、昌益に言わせれば亨吉は昌益の再来であるということになる。『自然真営道』の「大序」の最後の部分はこうなっている。

さて将来人々のなかにあって、わが『自然真営道』の一書を誦し、直耕する活真の妙道を貴ぶ人間がいるときには、それはとりもなおさず、『自然真営道』の作者の再来である。この書物の作者はつねに誓って言っていた。「わたしは死んで天に帰し、穀物となって休息し、やがてまた人間の身体を得てこの世に来るだろう。何度それをくりかえし、何年を経ようとも、誓ってこの世を自然活真の世にしよう」。そういって天に帰したのである。いま果たしてわが『自然真営道』を読んでいる読者のあなたは、すなわちこの作者そのひとである。

第四章　狩野亨吉の生きかた

古本屋、鑑定業者として

亨吉は昌益の再来だと書いたが、もちろん、二人の生きかたはまったく異なっている。昌益は実践の人であった。八戸では自分の思想を広めるべく八戸の人々と積極的に交流した。晩年には故郷の秋田、二井田に帰り自らの思想を実践した。三浦忠司の『八戸と安藤昌益』によれば、二井田では農民から「農業を守る神様」として尊敬されたが、神事や祭礼などの宗教行事を止めさせたため、修験者や僧侶から「邪法をとり行い、郷人をあい惑わしている」として代官所へ訴えられた記録が残っているらしい。昌益は「危険な思想」を実践していたのだ。

亨吉は「危険な思想」によって訴えられたりすることはなかった。社会改革者ではなかったし、自らの思想を広めようとすることもなかった。そもそも、彼の著述はきわめて乏しいため、残された著作のみから彼の思想の全貌を知ることは困難である。ただし、彼が現状に批判的であったことはあきらかである。特に彼の後半生、昭和初期の軍国主義一辺倒を苦々しく思っていたことは疑いない。

鈴木正は『思想』の「鑑定理論—具眼者の論理」で亨吉の議員選挙に対する考え方を紹介している。亨吉は議員の選衡は慎重に行われなければならないはずだとして次のように言う。

然るに議員の形式的資格は法規上定められているが、その内容的資格すなわち国政に参与して成績をあげうる能力ありや否やの点については、偏にこれを「民衆の鑑定」に任せ、それ以外なんら選衡機関を必要としない。この考えはおそらく誤った自由平等の説から割り出されたもので全く合理的でない。

そして「科学的機械的方法により立候補者の鑑定をすること」で理想的な選挙をすることができるとして次のように言う。

さて議員資格測定計というような機械が発明されたとする。そこで立候補者をその前に立たせ、その機械の指度にあらわれるところによって、ただちにそれは何度と得点がわかるのであるから、演説もいらない。ポスターもいらない。応援も野次もいらない。あらゆる宣伝は全く無用の長物、そして当人の適否は歴然とわかる。

鈴木は出典をあきらかにしていないので亨吉がどこでこう言っているのか不明なのだが、前後関係から、おそらく『鑑定の意義効力特に書画の鑑定に就いて』の記述であろう。それを鈴木が現代仮名遣いに改めたものと思われる。それはともかく、選挙でも何でも「科学的に」やってしまおうというところが亨吉らしい。人物の「鑑定」が機械で計測できるとは私には思えないのだが、そのことをうんぬんするよりも、亨吉がこの草稿『鑑定の意義効力』が書かれた一九三〇年（昭和五年）の社会に危機感を持っていたということを読み取るべきだろう。

さらに鈴木は昭和十一年の『日本評論』に掲載された「狩野博士に物を訊く会」の企画をした石堂清倫の話を紹介する。石堂は鈴木に「あの座談会の白眉は、なんといっても狩野先生の軍国主義反対の熱烈な談話であった。その部分は残念ながら、検閲を考慮して活字にならなかった。」と語ったという。

亨吉が当時の軍国主義風潮に批判的であったことはまちがいないが、だからといって、彼がマルクス主義に基づいた社会改革者であるとはいえないだろう。先にあげた「議員資格測定計」の話は鈴木の著作からの引用であるが、鈴木はこの話を「最後に、彼の**社会変革の思想**をかいつまんで紹介しておこう。」（ゴチックは庄司）と言ってから始めている。しかし、鈴木が「社会変革の思想」といっている部分は、科学的鑑定法が将来開発されれば理想国家の実現に近づくと言っているのであって、つまり将来はこうなればいいという希望であって、現状に不満はあるものの、それをある方向に変えてしまおうという強い意志は感じられない。亨吉は改革者ではないのだ。

しかし、鈴木は亨吉を昭和初期のファッショ政治に抵抗する社会主義的勢力の理論的支柱ととらえている。『思想』の「倫理思想―公序のなかの異端」で鈴木はその論文のねらいを、「戦前の「唯研」が座談会に狩野を招く形でつけた日本のマルクス主義の哲学と自由主義左派の哲学との間の通路を、いまいちど再開して日本思想史の近代をトータルに把握して欠落の環をなくしたいとおもう。」と語っている。しかし、亨吉は「唯研」つまり唯物論研究会の期待には充分応えなかった。鈴木や「唯研」の思想のベクトルの方向と亨吉のそれはあきらかに異なっている。

ただし彼らが亨吉を自分たちに近い人間だと思ったのにはもちろん理由がある。「自分は危険思想の持ち主だから」と言ったり、「史的唯物論に立つ」と明言したのだから。そして鈴木は特に亨吉の『天津教古文書の批判』(以下『批判』と略す)に注目した。彼はこの『批判』は「神道と結びついた軍人や国家主義統制者、極右主義者らの無知と野蛮とにたいする、はげしいやゆと非難の気持ちから、かなりの決意をもってなされたことが明白である。」としている。そのあとに、先に書いた、石堂の活字にならなかった話が続くのだが、つまり、鈴木は『批判』を神道に盲目的に追従する軍部や右翼に対する批判の書ととらえているのだ。

天津教とは皇祖皇太神宮天津教という昭和初期に強勢を誇った御嶽教系の宗教団体である。天津教の聖典は「竹内文書」とよばれるが、これは神代文字で書かれた古文書の総称である。亨吉はその古文書を詳細に調べ、古代に書かれたものではなく後世の作になる偽造だと批判したのだ。亨吉がこの古文書を調べることになった経緯については省略するが、天津教は荒木貞夫や有馬良橘らの軍人、頭山満など右翼の大物が信奉していたといわれていたので、鈴木が亨吉の『批判』を軍部や右翼に対する批判だとしたのも頷けないことはない。

『批判』は『狩野亨吉遺文集』におさめられているので私も読んでみたが、たしかに『遺文集』

のなかでは、これだけが異彩を放っている。ひとことでいえば書き方がきついのだ。「病的迷妄の伝播」とか「此文書は荒唐無稽全く信を置くに足らない」というフレーズがあるし、「最早天津教を対岸の火事扱いにすることは出来ない。」とまで言っている。そしてこう書いている。

最初に二人の信者を私に向けた方も海軍大将であったことを想起し、旁々天津教の性質上これは或いは軍人間に比較的多くの信者を有するに非ざるかとの疑を生じ、少しく探索してみると果たして其通りである。しかれば即ちかの狂的妄想が那辺を蠹毒するに至るや推察するに難からずで、事甚だ憂うべきものがある。

最初の「二人の信者を私に向けた」というのは、天津教の信者が亨吉宅を訪れ、古文書の写真を示し、本山である茨城県磯原に参詣するよう勧めたことを指している。その信者をさし向けたのは海軍大将であった、としているが、この海軍大将はおそらく有馬良橘だろう。現在であれば、いろいろ調べてみなければならないが、当時の人たちはすぐに有馬良橘だとわかったにちがいない。つまり実名をあげているに等しいのであって、それで『批判』は「軍人に対する非難」であって、「かなりの決意をもって」書かれたという意見が出てくるのだと思う。

この意見に私は懐疑的である。まず、有馬良橘がそれほど天津教にかかわっていたとは思えないのだ。有馬や荒木が信者だったとされているが、教団の信者獲得のための広告塔として名前を貸していただけだったのではなかったか。彼らが心底から天津教を信じていたとは思えない。もし本当に天津教を信じていたら有馬は明治神宮の宮司にはならなかっただろう。有馬は天津教から誰かを紹介してくれてと依頼されて亨吉を紹介しただけであって、亨吉も信者にしようとか、古文書について亨吉のお墨付きをもらおうという意図はなかったのではないか。かりに有馬が熱心な信者であったとしても、亨吉には信者を非難しようとする意図はなかったと思う。

亨吉に『批判』を書かせる気にさせたのは、偽造がまかりとおっている状況に対する憤りであって、軍人や右翼に対する直接的な怒りではなかったと思う。もちろん、ある宗教の聖典を非難すれば、間接的にその宗教の信者を非難することにはなるのだが、亨吉の非難は宗教そのものや信者に対するものではなく、偽物を本物だとする態度に対する科学者としての鑑定家としての非難なのだ。

いまここで『批判』全文を引用することはできないが、各セクションのタイトルだけあげておく。「第一　緒言」「第二　長慶太神宮御由来」「第三　長慶天皇御真筆」「第四　後醍醐天皇御真筆」「第五　平群真鳥真筆」「第六　神代文字之巻」「第七　結語」となっている。「緒言」についてはその一部を先に紹介したが、意気の昂揚が感じられる、「結語」も同様である。第二から第六までがいうまでもなく『批判』の核心であるが、ここでは亨吉の学識がいかんなく発揮されており論調は自信に満ちている。圧倒的なのは「第六　神代文字之巻」で、ヒエログリフのような、私にとってはわけのわからない象形文字を読み解いていくところはただただ感嘆するだけだ。とにかく亨吉の学識の深さに脱帽せざるをえないのだ。

『批判』は『遺文集』におさめられた他の論文とはあきらかにちがう。文章がいきいきとしているのだ。楽しんで書いているような気さえする。

先に、亨吉が「自分の本職は鑑定で、これには何らの打算もなく夢中になってしまう」と言ったことを紹介したが、『批判』を読むと本当にそうなのだと思う。亨吉は鑑定家であって思想家ではなかった、ましてや社会改革者でもなかったのだ。

鑑定には思想が入り込む余地はない、その人の思想によって鑑定の結果が変わることは、実際にはありうるかもしれないが、本来ありえないはずだ。

亨吉が発表した『安藤昌益』にしても、その思想の紹介が中心であることはいうまでもないが、鑑定家としての視点から『自然真営道』を読んでいることも充分うかがい知ることができる。

ほとんどの安藤昌益の研究書は狩野亨吉について言及されている。そしてほとんどの狩野亨吉の研究書では安藤昌益について言及されている。昌益と亨吉はワンセットなのだ。これは亨吉の最大の功績が昌益の発見だということを意味しており、それはそのとおりであって、それがなければ亨吉は歴史に名を残さなかっただろう。しかし、そのことが、不幸なことに、亨吉は昌益を発見した思想家として知られることになったのだ。「不幸」という言葉はふさわしくないかもしれないが、亨吉という人物が誤解されることになったという意味で用いている。

たとえば、唯物論研究会や鈴木正は、亨吉をマルクス主義の哲学と自由主義左派の哲学を橋渡しする思想家と規定しているが、それは誤解であると思う。

私自身も誤解していた、亨吉のことを調べ始めた時分はこれほどの思想家、学者、教育者がどうしてほとんど著作を残さなかったのだろう、垂涎の的のような地位の勧めをどうして辞退し続けたのだろう。私にはそのような亨吉の生きかたが理解できなかったのだが、思想家としてでなく、亨吉自らが語ったように「古本屋のおやじ」、あるいは鑑定業者ととらえれば、少しは亨吉の生きかたが理解できるような気がしてくる。

will nothing

亨吉が学習院から誘われたとき、「私は決して教育者の器ではなく、一時あやまってその職についた時もただひたすら大いに努力し、自らをきびしく律して、いささかの過ちもないように努めただけである。しかし本心はあくまで自由を望み、この世の中を悠々自適したいのだ。」と言って断ったことは先に書いた。

この辞退の言には一部青江の創作が入っていると思われるが、そうだとしても亨吉の本心からはずれているとは思えない。亨吉にとっては地位よりも自由が大事だったのだ。

自由を求めたのはやりたいことをやるためだと思われるが、それは亨吉の場合鑑定業であった。ではなぜ亨吉は鑑定業を選択したのか。実は私はよくわかっていない。

『沢柳を語る』で亨吉は理科大学卒業時に親友沢柳政太郎から将来についてきかれ、「自分は数学物理学の研究に没頭して其力により精神現象を始め一切の現象を説明せんとする考であると答へた。」と言っている。沢柳が政治家になりたいと言ったのに対して、亨吉はこう言ったのだが、これは亨吉は学者になりたいと言ったと解してさしつかえないと思う。だとすれば亨吉は鑑定家になることによって、若き日に指向した学究の道を断念したといっていいのだろうか。いや、学究への道を断念した、変更したわけではないと私は思いたい。

鈴木の『思想』の「鑑定理論―具眼者の理論」にはこういう一節がある。

さて、彼のいう「鑑定」であるが、それを最広義にとれば「歴史の真実を探求する方法」であり、その意味では「あらゆる学問は鑑定である」という命題が成立する。

「あらゆる学問は鑑定である」という命題が正しいとすれば、逆必ずしも真ならず、とはいうものの、「鑑定は学問である」といってもいいのではないだろうか。そういえるとすれば、大学教授という地位についていなくても、亨吉は在野の「学者」として後半生を生きた、つまり若き日に考えたことを鑑定家として実践していたといえるのではないだろうか。

後半生は世俗の名声を拒否した生きかたをしたので、亨吉は世捨て人だったと思われるかもしれない。鈴木が『思想』の「隠れて生きた狩野亨吉」で「世俗の名聞を断ち、書画の鑑定を業としたその後の生活はエピクロスがとなえた「隠れて生きよ」という信条を地でゆくものであった。」

と書いて、そしてそれは安藤昌益の影響を受けたものだと書いたことについては、先にコメントしたが、今度は「隠れて生きよ」についてコメントしたい。

昌益は隠れて生きたわけではない。その存在が八戸以外の地で知られていなかっただけで、彼は積極的に地域社会にかかわっていた。亨吉も隠者のような生活をしていたわけではない。人が訪ねてくれば会って話をしたし、講演もしているし、天津教の事件では、橋本進吉と検察の証人として出廷し証言している。まったく社会とかかわりを断ったのではない。

青江は『生涯』で、関東大震災のときに、亨吉が缶詰を通路の前に出して避難してきた人たちにわけてやったとか、停電で真っ暗な路地に高張提灯を立て近所を明るくした、というような近所の人の「証言」を紹介してから次のように書いている。

ついでにいうと六十歳の亨吉は、ここでも完全な庶民の一人として震災を生きている。町内の自警団の警備のわりあてにはまことに忠実で休むことがなく、それはほとんど年末まで及んだ。夜半十二時から朝の五時までということもあったが、彼は老齢とか病気などを理由に一度も逃げたりはしなかった。

亨吉は明らかに隠者ではなかった。まぎれもなく地域社会の一員であった、まっとうな市民であった。「エピクロスがとなえた「隠れて生きよ」という信条を地でゆく」ものではなかったと思う。もっとも、鈴木のいいたかったことは、亨吉がまったく世間から隔絶されてひっそりと生きたということではなく、地位とか名声という世俗的なものから距離をおいていた、世俗的な成功を追い求めることをしなかった、ということなのだろう。

エピクロスという名前が出てきたが、私が高校時代に倫理社会で習ったエピクロス派とストア派の違いについて述べてみたい。英語で恐縮だが、エピクロス派の態度はdon't will anythingでストア派のそれはwill nothingだと教わった。日本語に訳せば、どちらも「何も望まない」となるが、エピクロス派はwillしないのに対してストア派はwillするのである、無をwillする自分という原点があるのだ、と教わった。高校生のときの授業内容はもうほとんど憶えていないのだが、なぜかこれだけは今でもはっきりと憶えている。それはともかくとして、亨吉には世俗的成功を求めないという自分の明確なwillがあったと思う。

哲学を本格的に勉強したことのない私が鈴木の説に異を唱えるのはおこがましいのだが、亨吉の生きかたにエピクロス派を重ね合わせるのは疑問だ。あえていうならストア派のほうに近いのではないか。ついでながら、エピクロス派の「隠れて生きよ」に対応するストア派のそれは「自然に従って生きよ」だといわれている。その意味は「理性にしたがって生きることで、世の中の時代の流れとは関係のない独立した自由を得ることができる。」ということらしいが、これこそ亨吉に、そして昌益にもあてはまることではないか。

亨吉の後半生の生きかたは、現代ならともかく、明治時代に当時の最高の教育をうけた人間の生きかたとしては異端であったといえるだろう。

しかし、亨吉の生きかたは、あくまでも当時の異端であって、現代に生きる私たちにとっては正統だとまではいえないにしても、ある示唆をあたえているのではないだろうか。

競争をしない

亨吉は生涯にわたって争うことを好まなかった。青江は『生涯』に「亨吉はその前半生の輝かしい経歴にもかかわらず、ただの一度も自分の就職のためにかけまわったり、ひとに頼んだり運動したりということがなかった。」と書いている。

亨吉が猟官運動をしなかったのは、官僚機構のわずらわしさを嫌ったことや権威・権力から距離をおいていたかったということがその理由だと思われるが、地位をめぐって人と争うことを避けた、というのも理由のひとつにあるのではないか。

亨吉の競争嫌いが最も端的に表れたのは、第一章で書いた一高校長時代の対外試合禁止令であろう。私は、それはいくらなんでも行き過ぎだと書いたが、二〇一八年五月に日大アメフト部の悪質タックルが連日新聞テレビ等でとりあげられるのをまのあたりにして、実は、亨吉の措置は案外妥当性があったのではないかという気もしている。

日大のアメフト部に限らず、他のスポーツ界、ボクシング、レスリング、体操、大相撲などでもさまざまな問題が明るみになっている。それらの問題の解決策がいろいろ検討されていると思うが、おそらく根本的な解決策は出てこないだろう。一時的に問題は沈静化するかもしれないが、忘れたころにまた起こる、その繰り返しだろう。究極の解決策は、かつて亨吉がそうしたように対外試合を禁止する、つまり競技をやめることしかない。もちろん、すべての競技をやめることは現実的ではなく、そうかんたんではない。社会経済システムでも同じだ。資本主義であろうが社会主義であろうが、まったくトラブルのない経済システムなど存在しない。まったく経済活動をしなければ問題は起こらないが、私たちは霞を食って生きていくことはできない。

つまり、競争のまったくない社会などありえないのだからと観念して私たちは競争社会の弊害を受け容れなければならないのか。私の能力ではこの設問に解答することはできない。

しかし、亨吉の生きかたはヒントになると私は考えている。鈴木は『思想』の「偉大な師表―狩野亨吉にみる破格の精神」で、亨吉の後半生の生きかたについてこう書いている。

以前、豊かさを夢中で求めていたころは、豊かになれば、おのずと人の心にもゆとりがでるものと素朴に信じていたが、昨今は、その豊かさと快適さを失うまいと必死にしがみつく形で、精神の尊厳を失いかけている。高度成長以後に出現した豊かさの囚われ人から、自分を解き放つには、競争社会に乗っかって突き走るのではなく、むしろそこから静かに降りる以外にない。それが最も賢明で、勇気のいる道ではなかろうか。

みんながあるゴールに向かって突き進んでいるときに自分だけ自らの意思でそこから離れてしまうのはたしかに勇気のいることである。

しかし、そのゴールが、実は本当に私たちがめざすべきものなのかどうか疑義が生じたときは勇気をだして、いったん立ちどまり考えてみる必要があるだろう。


私は先に秋田人は商売が下手だとして秋田の経済指標が多くは全国最低レベルだと書いた。人口減少率は全国一で高齢化が進み経済活動は低迷している。

私も秋田勤務時代に経済活性化のためのさまざまな提言をした。りんごや米などの農産物を海外に輸出してはどうか、ほとんど知られていない秋田のフグを大々的にＰＲしてはどうか、米粉のパンなど米粉の活用を図ってみてはどうか、など。特に有望だと思ったのは飲料としての水だ。

私は老人なので水にお金を払うというのはいまだに若干の抵抗がある、コーヒーやジュースならともかく。しかし今は水は高く売れる。ガソリンと比べてみよう。今これを書いている時点でのガソリン価格は１Ｌあたり一四〇円から一五〇円だ。ただしガソリン価格の約半分は税金なので、それを除けば１Ｌあたり七十円から七五円ということになる。はるばるサウジアラビアやクエートあたりから原油を運んできて精製してこの価格なのだから、ガソリンがいかに安く水がいかに高いか。

秋田にはいい水が湧くところがたくさんあるのだ。全国名水百選に選ばれているある町の会合によばれたとき、町長さんに自説を展開してその町の水を全国に売り出してはどうかと提案したが、「私たちにはそんな力はありません。」と言われまったくとりあってもらえなかった。

私の提言はその場の思いつきのようなものでとりあげてもらえなかったのは当然なのだが、当時の私は金融機関に勤務する人間として当地の経済を活性化させるのは自分の義務だと思い、講演を依頼されたときは、どうしたら秋田の経済が活性化するか自分なりの考えを話した。

自ら講演を売り込んだこともあった。しかし、その一方で、今のままでも別にいいのではないかという思いもあった。亨吉や昌益を研究してみるとその思いはいっそう強くなっている。

秋田の経済指標はほとんどが全国最低クラスだといったが、それはあくまでも経済の話であって、もちろん全国トップクラスの指標もある。たとえば刑法犯罪発生率だ。私が秋田にいた当時はこれが全国最低であった。念のため調べてみると現在でも全国最低、四七位である。いうまでもなくこれは低いほうが望ましい。一位は大阪、二位は愛知で経済活動が活発なところが上位にくる。犯罪の発生率は経済活動と比例するといっていいだろう。

秋田時代のある朝のことだ。送り迎えの公用車に乗ってすぐ、家の玄関のドアを施錠し忘れたような気がしたので、確認のために戻った。施錠はされていて、私は運転手のSさんに手間をとらせてしまったことを詫びた。

するとSさんは、鍵なんかかけなくてもだいじょうぶですよ、と言うのだ、さらに自分は鍵なんかかけたことがない、とまで言ったのだ。

そういえば、クリーニングの件もそうなのだ。秋田に赴任してきて翌日、引っ越しの荷物が届き家に搬入しているとクリーニング店が営業にきた。前の支店長にも使ってもらっていたので引き続き使ってもらいたいというのだ。店舗の場所をきいたら、店にきてもらう必要はないという。物置の棚に洗濯物を置いておけば取りにきて、仕上がったら棚に置いておく。料金は月一回払い、請求書を置いておくからその金額を置いておけ、という。その方式であれば、私は単身赴任で昼間は家にいないから物置には施錠できないことになる。当初は不安だったが、結局三年間物置に施錠することはなかったけれども事故はまったくなかった。

名古屋の熱田支店に勤務していたときの話。

名古屋はひったくりが多いときいていたが、自分が遭遇するとは思っていなかった。ある夜に、歩道を歩いていたら自転車が近寄ってきて私にぶつかり私の左肩のショルダーバッグに手をかけた。とっさに私もバッグをつかんで抵抗したので、その男はチッと舌打ちをして行ってしまい事なきをえた。翌日部下を集めてその話をし、バッグは右手に持ち歩道のできるだけ右端を歩けと指示した。すると、そんなの常識でしょ、と笑われた。

同じごろ、隣のマンションで、窓ガラスが破られ現金が盗まれるという事件があった。私の住んでいたマンションはそのマンションに比べるとだいぶ見劣りがするので、空き巣狙いは避けるだろうとは思ったが、少し心配にはなった。

名古屋では、物騒なところだという思いは消えることはなく、びくびくしながら暮らしていたかもしれない。

しかし当時の名古屋は景気がよく支店の業績は良好で私は本店からほめられた。秋田では生活の不安は何もなかったが、支店の業績は悪く私は本店から営業努力が足りないと叱られた。

指標ではないが、学力テストの成績は秋田が常に全国のトップクラスだ。

これは大阪が最下位なので経済活動と反比例するといいたいが、東京や京都が上位にくるのでそうとはいえない。しかし、人口減少と高齢化という経済活動にはマイナスの要因が、秋田の学力テストの成績の良さをもたらしていると私は考えている。

私が秋田に勤務していたときに当時の寺田秋田県知事が学力テストの結果を公表したために東成瀬村が最も成績がいいことがわかり、「学力テスト一番の村」として知られるようになった。そのため東成瀬小学校には、日本全国から、海外からも視察者が大勢やってきた。

東成瀬村は人口二千六百人の山村で、面積の九三％が山林、スーパーはなくコンビニが1件あるだけ、もちろん学習塾などない。そのようなところがなぜ一番になったか。視察者の報告書にざっと目をとおしてみたが、東成瀬小学校が特別なユニークな教育をしているとは思えなかった。

他とちがうところは、児童一人あたりの図書費が全国平均の4倍だということ、村の大部分が三世代世帯であるため授業参観率が一二〇％になることぐらいだ。

しかしここがポイントだと思う。

児童一人あたりの図書費が多いということは児童数が少ないということだ。生徒数が少なければ、図書費のように生徒が受ける恩恵は生徒数の多い地域よりも多くなるだろうし、なによりも、それだけ密度の濃いきめ細かな授業が受けられるわけだ。生徒数より授業参観者が多くても成績がよくなるわけではないが、三世代世帯であることは小学生の教育にとってプラスになることはまちがいない。

小学生が下校して、たとえ両親が仕事で家にいなくても、祖父母がいれば精神的に落ち着くにちがいない、あるいは勉強をみてくれるかもしれない。核家族が多いであろう大阪では、小学生が家に帰ってもだれもいないかもしれない、家族とふれあう時間は少ないだろう。

東成瀬村にかぎらず秋田はどこでも三世代世帯が多いから小学生は家族とふれあう時間は多い。つまり勉強をみるだけでなく基本的な礼儀作法を教えられる時間も充分あるから、秋田の子供たちはみな大きな声であいさつをする。きちんとあいさつできる子が成績が悪いはずはない。

経済活動が活発になり、人口が増え高齢化に歯止めがかかればそれにこしたことはない。しかし、そのことによって失ったものも大きい。であるならば、無理に競争して豊かさを追求していく必要もないという考え方もできるのではないだろうか。

これは秋田にかぎらず日本という国でもいえることだ。

私たちは高度成長パラノイアになってしまって、なりふりかまわず経済成長を追求してきたが、それにともなうさまざまなひずみも大きくなったことを知っている。そして日本にかぎらず世界全体にいえることだ。

経済の歴史は、世界を制覇しようとする他国との競争の歴史といっていい。かつてはオランダが覇権国家として君臨し、その後イギリス、アメリカが世界に覇をとなえた。

そして今中国が覇権国家になろうとしてアメリカと争っている。他の国はその傍杖を食っている、迷惑な話だ。

亨吉の生きた時代は、もちろん、最近のように競技団体の問題が顕在化する時代ではなかったし、資本主義が暴走する時代でもなかった。しかし、彼は競争社会のもたらすもの、競争の行き過ぎがもたらすものを予知していた。

それは亨吉の若いころから備わっていた本能のようなものだと私は考えているが、そのことは昌益の発見によって確固としたものになったにちがいない。亨吉は『安藤昌益』で「彼曰く、争う者は必ず斃れる。斃れて何の益があろう。故に我道には争いなし。我は兵を語らず。我戦わず。」という昌益の言葉を二回書いている。これこそ亨吉が『安藤昌益』で最も書きたかったことなのだろう。

百年前に現代の私たちの生き方に示唆を与えてくれた狩野亨吉と、二百五十年前に彼と同様の思想を展開した安藤昌益は、鈴木の言葉を借りるなら、まさに「偉大な師表」といっていい。

そして、この「偉大な師表」が二人とも秋田の出身であることを秋田人は誇りに思っていい。

あとがき

狩野亨吉のことを調べてみようと思ってから、すでに十年以上が経過した。

この十年のあいだに私は秋田を去り東京に行き、そして故郷の仙台に戻った。それから亨吉とはまったく関連のない本を二冊出版したが、亨吉についてのことはずっと頭のかたすみにあった。亨吉について書かねばならないと思いつつ、その二冊を本書より優先させたのには理由がある。

まだ亨吉についての文献を充分読み込んでいないという事情もあったが、その二冊は私の仕事にかんするものであったからだ。仕事に関係のないものを後回しにして仕事を優先したという意味ではない。仕事をしていて気がついたこと、疑問に思ったこと、仕事をとおして考えたことなどをまとめてみようと思っていたのだが、なにぶん年が年であるから、記憶力がだんだん、いや急激に乏しくなってきている。自分のした仕事をきれいさっぱり忘れてしまう前にあわてて書いたということなのだ。

最初に出した本は『日本の銀行と世界のＢＡＮＫ』というタイトルで、「銀行」は bank の和訳ではない、日本の銀行とアングロサクソン起源の bank は行動がまったくちがうのだ、ということを書いた。

次に『お役所仕事の倫理と論理』というタイトルの本を出した。日本政策金融公庫を定年退職後、私は宮城県に期限付職員として採用され、経済商工観光部で約五年、補助金の交付事務に従事した。そのときの体験、仕事をとおして感じたことを、役人の立場からでなく、民間の会社員としての視点から書いたものだ。

タイトルからおわかりのように、この二冊は狩野亨吉、安藤昌益と何の関係もない。

しかし、本書も過去の二冊も私のある問題意識を反映している。それは現在の社会経済システムに対する懐疑である。

私は大学でマルクス経済学を学んだ。マルクス主義者だったからではない、当時の国立大学ではマルクス経済学が主流だったのである。そのために学生時代は資本主義経済システムそのものに疑問をもっていた。しかし、その後、ソ連の崩壊、中国の文化大革命の不毛さなどを目にすると、この経済システムは、将来これよりいいシステムが考えだされるかもしれないが、今のところは最良のシステムかもしれないと思うようになった。

それでも一部の経済学者のように市場主義を手放しで礼賛する気にはなれなかった。特に、自分が金融の世界にいたのにこんなことをいうのは心苦しいのだが、金融を至上とするアングロサクソンの金融資本主義には疑問を感じた。『日本の銀行と世界のBANK』では、金融に向いていない日本人が無理にマネーゲームに参加する必要はない。銀行はアングロサクソンのbankのまねをしなくてもいい、という自説を述べた。

しかし、私の意図とは逆に、日本はアングロサクソンの社会経済システムを教師としていると思われる。その一方で、アングロサクソン型資本主義のバックボーンである個人主義は英米ほど浸透してはいない。日本では「私」より「公」が優先されるのだ。ここに日本の役人の仕事を評価するさいの難しさがある、国民が小さな政府をめざしているのか大きな政府をめざしているのかよくわからないのだ、『お役所仕事の倫理と論理』ではそういうことを書いた。

私たちが「お役仕事」を非効率的だと批判するときは市場主義、商業主義の観点に立っている。しかし、すべてを商業主義の立場で判断していいのか、私にはよくわからない、わからないということを正直に書いた。

昌益は二百五十年前、資本主義経済システムが確立する以前から商品経済を悪とし、みなが農業に従事するよう提唱した。亨吉は昌益のような明確な主張はしなかったが、当時の風潮に批判的であったことはあきらかだ。

彼が今のような市場主義の経済システムの隆盛を予測していたかどうかはあきらかではないが、競争社会の行き着くところは見通していたにちがいない。亨吉は競争社会から一線を画したが、それはドロップアウト、落伍ではない、競争に敗れた結果身を引いたのではない。競争社会のさまざまなしがらみを拒否し、自ら自由を求めて清貧に甘んじたのだ。

亨吉の生きかたは、私のように現在の社会経済システムに懐疑的な人間だけでなく、市場主義、商業主義社会に生きるすべての人に重要な示唆を与えているのではないか。

なお、最後になってしまったが、無明舎出版舎主、安倍甲氏から本書の構成、記述等で有益なアドバイスをいただいたことに謝意を表したい。

参考文献

『秋田県散歩、飛騨紀行　街道をゆく29』司馬遼太郎　朝日文庫　1990年
『狩野亨吉の生涯』青江舜二郎　中公文庫　1987年
『狩野亨吉の生涯』青江舜二郎　明治書院　1974年
『シュンペーター伝』トーマス・K・マクロウ　八木紀一郎監訳　田村勝省訳　一灯社　2010年
『いまこそ、ケインズとシュンペーターに学べ─有効需要とイノベーションの経済学』吉川洋　ダイヤモンド社　2009年
『平凡社ライブラリー432　増補　狩野亨吉の思想』鈴木正　平凡社　2002年
『狩野亨吉遺文集』安倍能成編　岩波書店　1957年
『ドナルド・キーン著作集　第十一巻　日本人の西洋発見』ドナルド・キーン　新潮社　2014年
『忘れられた思想家─安藤昌益のこと─上巻』E・Hノーマン　大窪愿二訳　岩波新書　1950年
『忘れられた思想家─安藤昌益のこと─下巻』E・Hノーマン　大窪愿二訳　岩波新書　1950年
『昭和史発掘　4』松本清張　文藝春秋　2005年
『決定版　夏目漱石』江藤淳　新潮文庫　草108B　1979年
『寺田寅彦随筆集　第三巻』寺田寅彦　岩波書店　1948年
『やがて哀しき外国語』村上春樹　講談社文庫　1997年

『追跡 安藤昌益』川原衛門　図書出版社　1979年
『竜の星座　内藤湖南のアジア的生涯』青江舜二郎　中公文庫　1980年
『天皇と東大　上　大日本帝国の生と死』立花隆　文藝春秋　2005年
『陸奥のみち、肥薩のみちほか　街道をゆく3』司馬遼太郎　朝日文庫　1978年
『日本の名著19　安藤昌益』責任編集　野口武彦　中央公論社　1971年
『安藤昌益と現代』安藤昌益資料館双書　創刊号　2011年
『八戸と安藤昌益―安藤昌益ガイドブック』三浦忠治　安藤昌益資料館　2009年
『安藤昌益　平凡社選書46』安永寿延　平凡社　1976年
『統道真伝　上』奈良本辰也訳注　岩波書店　1966年
『統道真伝　下』奈良本辰也訳注　岩波書店　1967年
『日米交換船』鶴見俊輔・加藤典洋・黒川創　新潮社　2006年
『スパイと言われた外交官―ハーバート・ノーマンの生涯』工藤美代子　筑摩書房　2007年

著者略歴

庄司　進（しょうじ・すすむ）

1952年（昭和27年）仙台市生まれ。

東北大学経済学部卒業後、国民金融公庫（現日本政策金融公庫）に入庫。2012年（平成24年）公庫を定年退職、2013年（平成25年）から宮城県経済商工観光部に期限付職員として補助金の交付事務に従事し、2018年（平成30年）退職。現在は仙台市に在住。

著書に『日本の銀行と世界のBANK』（幻冬舎ルネッサンス新書）、『お役所仕事の倫理と論理』（創栄出版）がある。

危険な思想―狩野亨吉と安藤昌益
定価〔本体一八〇〇円＋税〕

二〇一八年十二月十四日　初版発行

著者　庄司　進
発行者　安倍　甲
発行所　㈲無明舎出版
秋田市広面字川崎一一二―一
電話／（〇一八）八三二―五六八〇
FAX／（〇一八）八三二―五一三七
製版　㈲三浦印刷
印刷・製本　㈱シナノ

ISBN 978-4-89544-650-1

工藤一紘 著

俳人・石井露月

四六判・二五一頁
本体一八〇〇円+税

子規門下で四天王とまで言われ、明治、大正、昭和の秋田に近代文学の息吹をもたらした俳人は、医師としても村民の生活向上に尽力した。その生涯を、秀句でたどりながら活写。

菊池勇夫 著

探究の人 菅江真澄

A5判・一五〇頁
本体一七〇〇円+税

生活文化史料として類をみない「記録遺産」ともいえる真澄の著作は、どのようにもたらされたものなのか。遊歴文人を旅へといざなった淵源を著作の内部にまでわけいり考察する。

簗瀬均 著

横綱照国物語

A5判・一五二頁
本体一七〇〇円+税

無敵の双葉山に、ただ一人勝ち越した第三十八代横綱、照国。争いを好まず内気温厚な少年は、なぜ相撲取りになったか!?秋田の生んだ「相撲の天才」の波乱の生涯を活写する!

岡里苜子・佐藤康子 編

伊藤永之介童話作品集

A5判・三三五頁
本体二〇〇〇円+税

雪国の山村の生活を舞台に、人と自然の関わり方をリアルに描いた伊藤永之介。本書は昭和二十七年から昭和三十二年まで、子供向け雑誌に掲載された三十七篇の幻の童話を全収録。

倉田耕一 著

浅野梅若 三味線一代、その時代の人々

四六判・二九八頁
本体一八〇〇円+税

民謡王国・秋田の支柱だった三味線名人の波乱に満ちた生涯。三味線芸の始祖から脈々と受け継がれ、さらに梅若が編み出した奏法まで、知られざるエピソードで綴られた初の評伝!